Impressum
Verlag: BABADADA GmbH, Nedderfeld 112 , 22529 Hamburg
Geschäftsführer / Verlagsleitung: Harald Hof
Druck: Books on Demand GmbH, In de Tarpen 42, 22848 Norderstedt

Imprint
Publisher: BABADADA GmbH, Nedderfeld 112 , 22529 Hamburg, Germany
Managing Director / Publishing direction: Harald Hof
Print: Books on Demand GmbH, In de Tarpen 42, 22848 Norderstedt

σχολείο
d Schuel

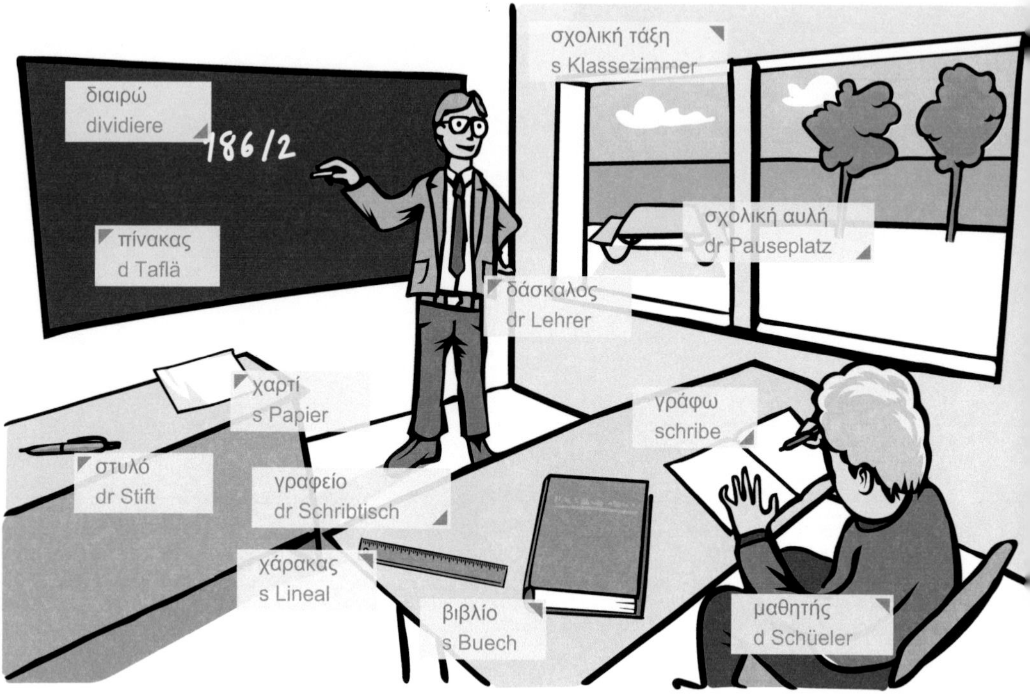

σχολική τάξη
s Klassezimmer
διαιρώ
dividiere
186/2
πίνακας
d Taflä
σχολική αυλή
dr Pauseplatz
δάσκαλος
dr Lehrer
χαρτί
s Papier
γράφω
schribe
στυλό
dr Stift
γραφείο
dr Schribtisch
χάρακας
s Lineal
βιβλίο
s Buech
μαθητής
d Schüeler

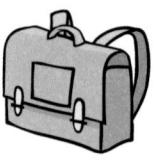

σχολική τσάντα

dr Thek

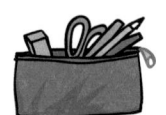

κασετίνα/ μολυβοθήκη

s Etui

μολύβι

dr Bleistift

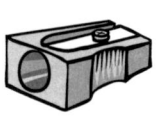

ξύστρα

dr Spitzer

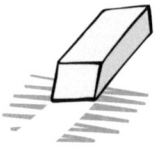

γόμα

s Radiergummi

μπλοκ ζωγραφικής

dr Zeicheblock

ζωγραφική

d Zeichnig

πινέλο

dr Pinsel

κουτί χρωμάτων

dr Malchaschte

ψαλίδι

d Schär

κόλλα

dr Liim

τετράδιο ασκήσεων

s Üebigsheft

εργασία για το σπίτι

d Huusufgabe

αριθμός

d Zahl

προσθέτω

addiere

αφαιρώ

subtrahiere

πολλαπλασιάζω

multipliziere

υπολογίζω

rächne

γράμμα

dr Buechstabe

αλφάβητο

s Alphabet

λέξη

s Wort

κείμενο

dr Text

διαβάζω

läse

κιμωλία

d Kriide

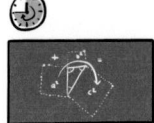

μάθημα

d Lektion

εγγράφομαι

s Klassäbuech

τεστ

d Prüefig

πιστοποιητικό

s Zügnis

μαθητική στολή

d Schueluniform

εκπαίδευση

d Usbildig

εγκυκλοπαίδεια

d Enzyklopädie

πανεπιστήμιο

d Universität

μικροσκόπιο

s Mikroskop

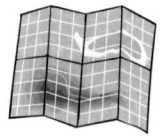

χάρτης

d Charte

καλάθι αχρήστων

dr Papierchorb

ταξίδι
d Reis

ξενοδοχείο
s Hotel
Grand
ξενώνας
d Härbärg
ROOMS
EXCHANGE
ανταλλακτήρια συναλλάγματος
d Wächselstube
βαλίτσα
dr Koffer
αυτοκίνητο
s Auto

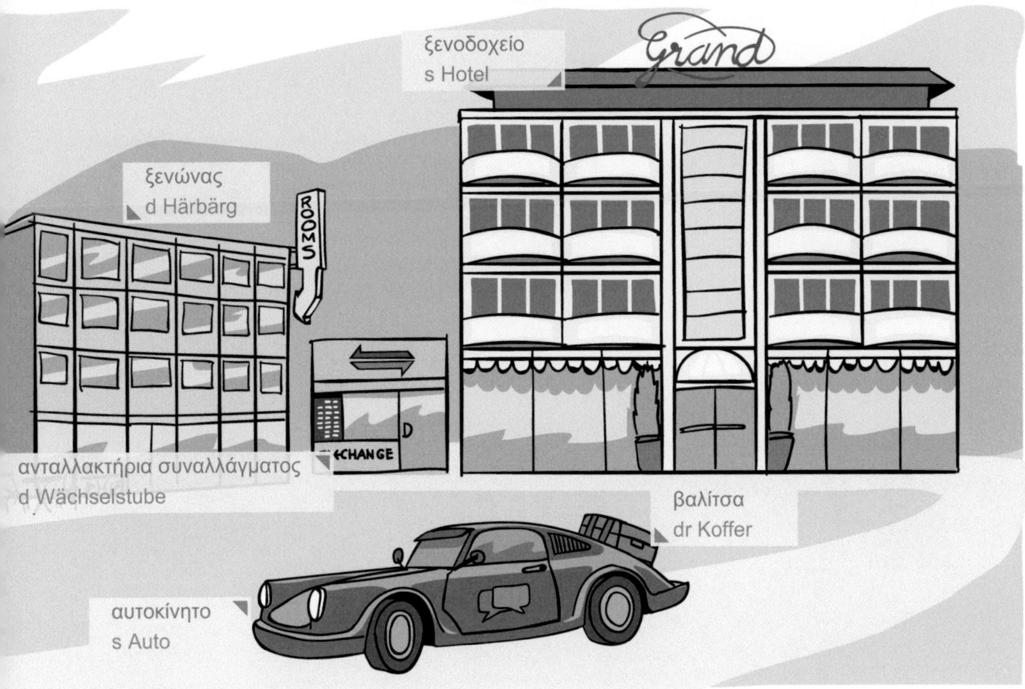

γλώσσα

d Sprach

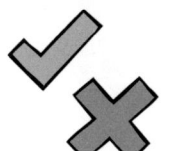

ναι / όχι

jo / nei

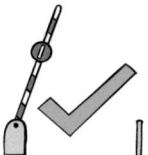

εντάξει

okay

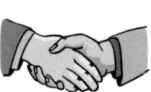

γεια σου

Hallo

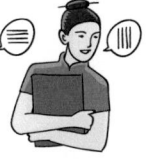

μεταφραστής

dr Dolmetscher

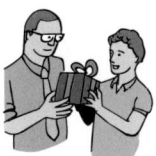

Ευχαριστώ

Dankä

πόσο κάνει ;

Was chostet…?

Δε καταλαβαίνω

Ich vrstahs nöd

πρόβλημα

s Problem

Καλησπέρα!

Guete Abig!

Καλημέρα!

guete Morgä!

Καληνύχτα!

guete Abig!

Αντίο

Uf Wiederseh

κατεύθυνση

d Richtig

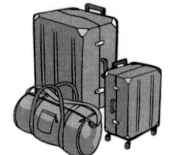

αποσκευές

s Bagaasch

τσάντα

d Täsche

σακίδιο πλάτης

dr Rucksack

καλεσμένος

dr Gast

δωμάτιο

dr Ruum

υπνόσακος

dr Schlafsack

σκηνή

s Zält

τουριστικές πληροφορίες

d Touristeninformation

παραλία

dr Strand

πιστωτική κάρτα

d Kreditkarte

πρωινό

s Zmorge

μεσημεριανό

s Zmittag

δείπνο

s Znacht

εισιτήριο

s Billet

ανελκυστήρας

dr Ufzug

γραμματόσημο

d Briefmarke

σύνορα

d Gränze

τελωνείο

dr Zoll

πρεσβεία

d Botschaft

βίζα

s Visum

διαβατήριο

dr Pass

μεταφορά

dr Transport

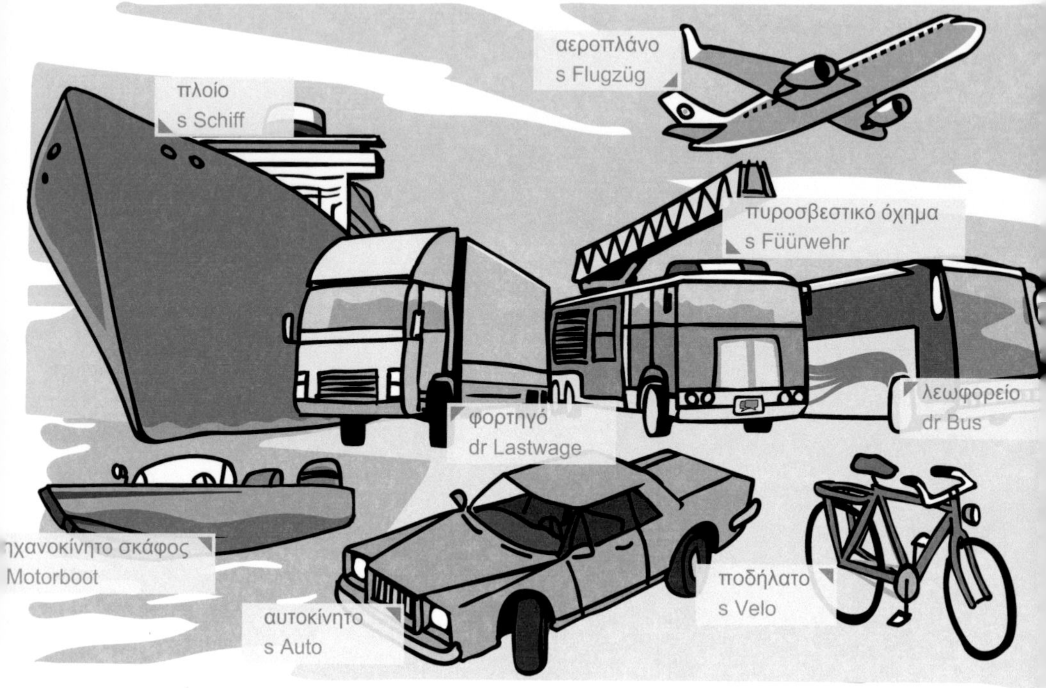

αεροπλάνο
s Flugzüg
πλοίο
s Schiff
πυροσβεστικό όχημα
s Füürwehr
λεωφορείο
dr Bus
φορτηγό
dr Lastwage
ηχανοκίνητο σκάφος
Motorboot
ποδήλατο
s Velo
αυτοκίνητο
s Auto

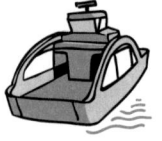

φεριμπότ

d Fähri

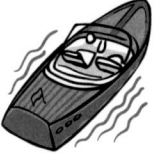

βάρκα

s Boot

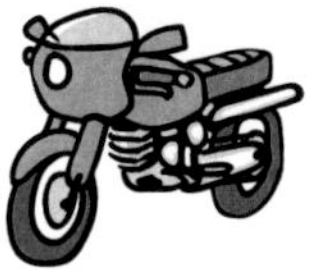

μοτοσικλέτα

s Töff

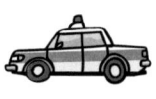

περιπολικό

s Polizeiauto

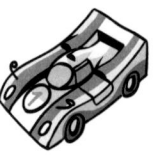

αγωνιστικό αυτοκίνητο

s Rännauto

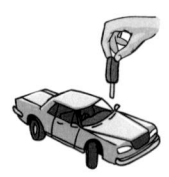

ενοικιαζόμενο αυτοκίνητο

dr Mietwage

διαμοιρασμός αυτοκινήτων

s Carsharing

γερανός

dr Abschleppwage

απορριμματοφόρο

dr Chübelwage

κινητήρας

dr Motor

καύσιμο

s Benzin

βενζινάδικο

d Tankstell

πινακίδα σήμανσης

s Verkehrsschild

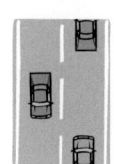

κυκλοφορία

dr Verchehr

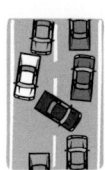

κυκλοφοριακή συμφόρηση

dr Stau

χώρος στάθμευσης

dr Parkplatz

σιδηροδρομικός σταθμός

dr Bahnhof

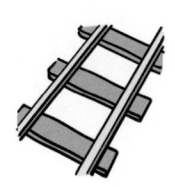

σιδηροδρομικές γραμμές

d Schiene

τρένο

dr Zug

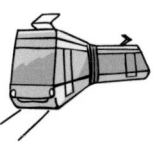

τραμ

d Strassebahn

βαγόνι

dr Wagon

ελικόπτερο
dr Helikopter

αεροδρόμιο
dr Flughafe

πύργος
dr Tower

επιβάτης
dr Passagier

εμπορευματοκιβώτιο
dr Container

χαρτοκιβώτιο
dr Karton

καρότσι
dr Chare

καλάθι
dr Korb

απογειώνομαι /
προσγειόνομαι
starte / lande

πόλη
d Stadt

χωριό
s Dorf

κέντρο της πόλης
s Stadtzentrum

σπίτι
s Huus

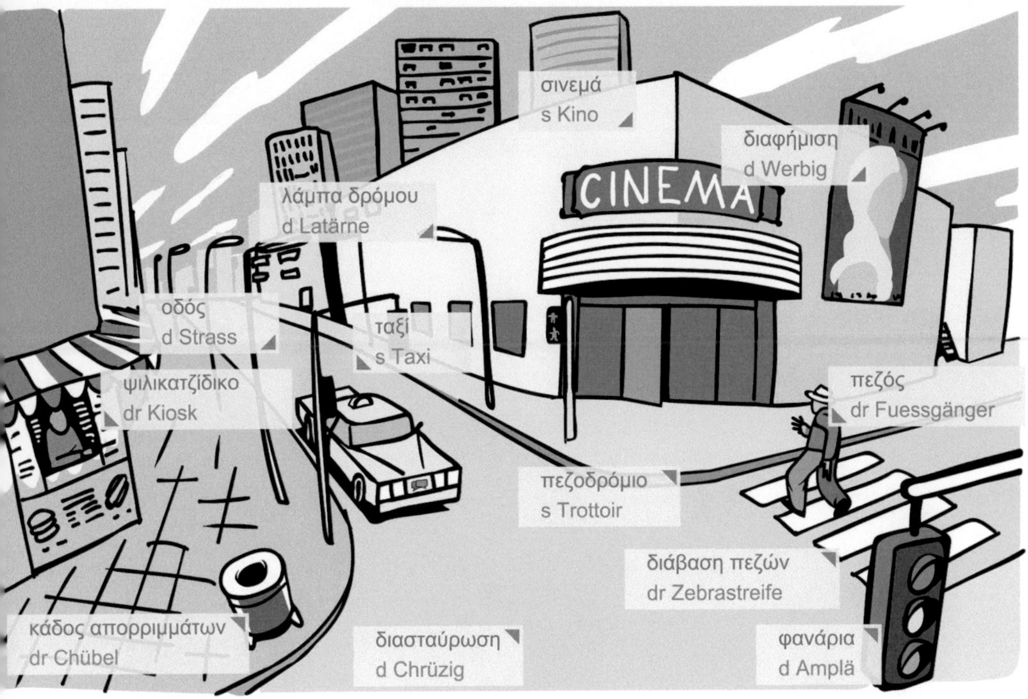

σινεμά
s Kino
διαφήμιση
d Werbig
CINEMA
λάμπα δρόμου
d Latärne
οδός
d Strass
ταξί
s Taxi
ψιλικατζίδικο
dr Kiosk
πεζός
dr Fuessgänger
πεζοδρόμιο
s Trottoir
διάβαση πεζών
dr Zebrastreife
κάδος απορριμμάτων
dr Chübel
διασταύρωση
d Chrüzig
φανάρια
d Amplä

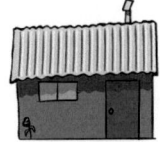

καλύβα

d Hütte

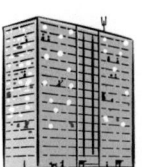

διαμέρισμα

d Wohnig

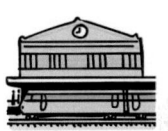

σιδηροδρομικός σταθμός

dr Bahnhof

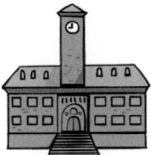

δημαρχείο

s Gmeindshuus

MUSEUM

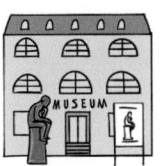

μουσείο

s Museum

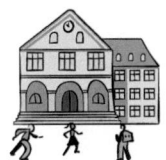

σχολείο

d Schuel

πανεπιστήμιο

d Universität

τράπεζα

d Bank

νοσοκομείο

s Spital

ξενοδοχείο

s Hotel

φαρμακείο

d Apotheke

γραφείο

s Büro

βιβλιοπωλείο

s Buechgschäft

κατάστημα

s Gschäft

ανθοπωλείο

dr Bluemelade

σούπερ μάρκετ

dr Läbensmittellade

αγορά

dr Märt

πολυκατάστημα

s Chaufhuus

ιχθυοπωλείο

dr Fischhändler

εμπορικό κέντρο

s Iihkaufszentrum

λιμάνι

dr Hafe

πάρκο

dr Park

παγκάκι

d Bank

γέφυρα

d Brugg

σκάλες

d Stäge

μετρό

d U-Bahn

τούνελ

dr Tunnell

στάση λεωφορείου

d Bushaltestell

μπαρ

d Bar

εστιατόριο

s Restaurant

γραμματοκιβώτιο

dr Briefchastä

πινακίδα δρόμου

s Strasseschild

παρκόμετρο

d Parkuhr

ζωολογικός κήπος

dr Zolli

πισίνα

d Badi

τζαμί

d Moschee

αγρόκτημα

dr Buurehof

ρύπανση

d Umwältvrschmutzig

νεκροταφείο

dr Fridhof

εκκλησία

d Chile

παιδική χαρά

dr Spielplatz

ναός

dr Tämpel

τοπίο
d Landschaft

φύλλο
s Blatt

πινακίδα κατεύθυνσης
dr Wägwiiser

δρόμος
dr Wäg

λιβάδι
d Wise

πέτρα
dr Stei

δέντρο
dr Baum

πεζοπόρος
dr Wanderer

ποτάμι
dr Fluss

χορτάρι
s Gras

λουλούδι
d Bluamä

κοιλάδα

s Tal

λόφος

dr Bärg

λίμνη

dr See

δάσος

dr Wald

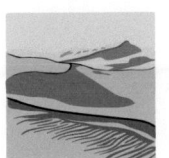

έρημος

d Wüeschti

ηφαίστειο

dr Vulkan

κάστρο

s Schloss

ουράνιο τόξο

dr Rägeboge

μανιτάρι

dr Pilz

φοίνικας

d Palme

κουνούπι

dr Moskito

μύγα

d Fliege

μυρμήγκι

d Ameise

μέλισσα

s Biendli

αράχνη

d Spinne

σκαθάρι

dr Chäfer

βάτραχος

dr Frosch

σκίουρος

s Eichhörnli

σκαντζόχοιρος

dr Igel

λαγός

dr Haas

κουκουβάγια

d Üle

πουλί

d Vogu

κύκνος

dr Schwan

αγριογούρουνο

s Wildschwein

ελάφι

dr Hirsch

άλκη

dr Elch

φράγμα

dr Damm

ανεμογεννήτρια

d Windturbine

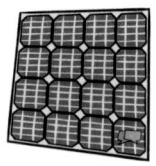

ηλιακός συλλέκτης

dr Sunnekollektor

κλίμα

s Klima

εστιατόριο

s Restaurant

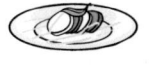

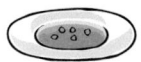

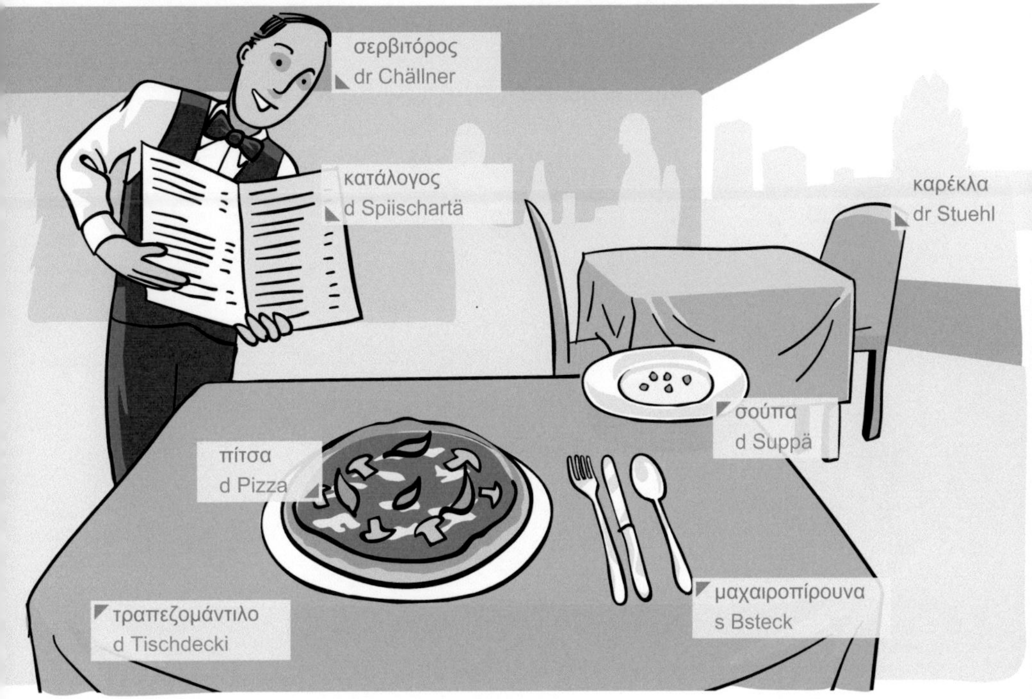
σερβιτόρος
dr Chällner
κατάλογος
d Spiischartä
καρέκλα
dr Stuehl
σούπα
d Suppä
πίτσα
d Pizza
μαχαιροπίρουνα
s Bsteck
τραπεζομάντιλο
d Tischdecki

ορεκτικό

d Vorspiies

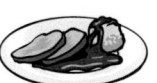

κύριο πιάτο

s Hauptgricht

επιδόρπιο

s Dessert

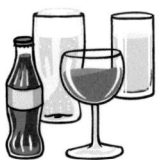

ποτά

s Getränk

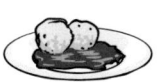

φαγητό

d Läbensmittel

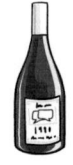

μπουκάλι

d Fläsche

φαστ φουντ

s Fast Food

φαγητό στ' όρθιο

s Street Food

τσαγιέρα

d Teechanne

δοχείο ζάχαρης

d Zuckerdosä

μερίδα

d Portion

μηχανή εσπρέσο

d Espressomaschine

ψηλή καρέκλα

dr Hochstuehl

λογαριασμός

d Rächnig

δίσκος

s Tablett

μαχαίρι

s Mässer

πιρούνι

d Gable

κουτάλι

dr Löffel

κουταλάκι του τσαγιού

dr Teelöffel

πετσέτα φαγητού

d Serviette

ποτήρι

s Glas

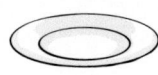

πιάτο

dr Täller

πιάτο σούπας

dr Suppetällär

πιατάκι φλιτζανιού

d Untertasse

σάλτσα

d Sose

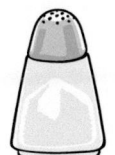

αλατιέρα

dr Salzstreuer

μύλος για πιπέρι

d Pfäffermühli

ξύδι

dr Essig

λάδι

s Öl

μπαχαρικά

d Gwürz

κέτσαπ

ds Ketchup

μουστάρδα

dr Sänf

μαγιονέζα

d Mayonnaise

σούπερ μάρκετ

dr Läbensmittellade

προσφορά
s Ahgebot
FOR
πελάτης
dr Chund
γαλακτοκομικά προϊόντα
d Milchprodukt
φρούτα
d Frücht
καρότσι για ψώνια
dr Iichaufswage

BUTCHERS

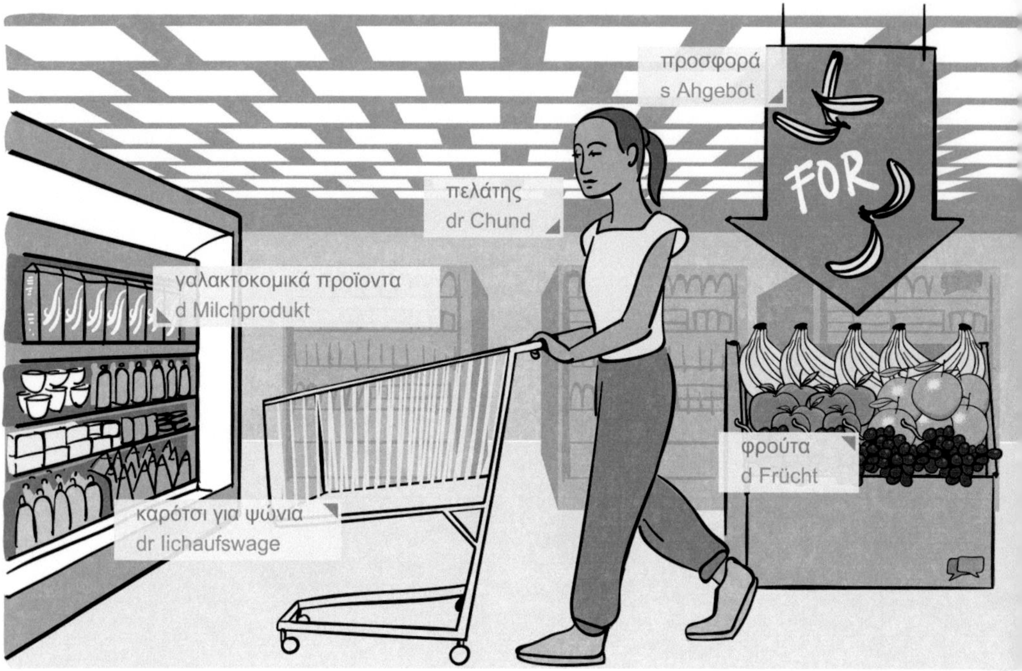

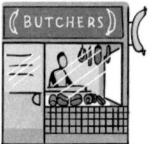

κρεοπωλείο

dr Schlachter

BAKERY

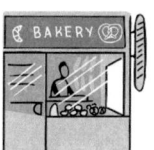

φούρνος

dr Beck

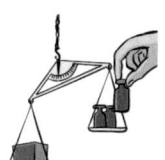

ζυγίζω

wiege

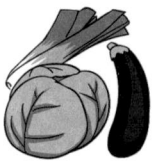

λαχανικά

s Gmües

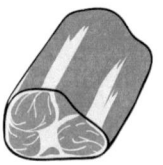

κρέας

s Fleisch

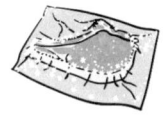

κατεψυγμένα τρόφιμα

d Tiefkühlprodukt

αλλαντικά
dr Ufschnitt

κονσερβοποιημένη τροφή
d Konsärve

απορρυπαντικό ρούχων
s Wöschmittel

γλυκά
d Süessigkeite

οικιακά είδη
d Huushaltartikel

καθαριστικά προϊόντα
s Putzmittel

πωλήτρια
d Verchäuferin

ταμείο
d Kassä

ταμίας
dr Kassierer

λίστα για ψώνια
d Ihchaufsliste

ωράριο λειτουργίας
d Öffnigszite

πορτοφόλι
s Portemonnaie

πιστωτική κάρτα
d Kreditkarte

τσάντα
d Täsche

πλαστική σακούλα
dr Plastiksack

νερό

s Wasser

χυμός

dr Saft

γάλα

d Milch

κόκα κόλα

d Cola

κρασί

dr Wii

μπίρα

s Bier

αλκοόλ

dr Alkohol

κακάο

s Ovi

τσάι

dr Tee

καφές

dr Kafi

εσπρέσο

dr Espresso

καπουτσίνο

dr Cappuccino

μπανάνα

d Banane

μήλο

dr Öpfel

πορτοκάλι

d Orange

πεπόνι

d Melone

λεμόνι

d Zitrone

καρότο

s Rüebli

σκόρδο

dr chnoobli

μπαμπού

dr Bambus

κρεμμύδι

d Zwiblä

μανιτάρι

dr Pilz

ξηροί καρποί

d Nüss

νουντλς

d Nudle

μακαρόνια

d Spaghetti

ρύζι

dr Riis

σαλάτα

dr Salat

πατατάκια

d Pommfrit

τηγανητές πατάτες

d Bratherdöpfel

πίτσα

d Pizza

χάμπουργκερ

dr Hamburgär

σάντουιτς

s Sandwich

κοτολέτα

s Gotlett

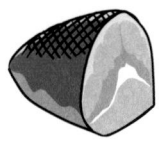

ζαμπόν

dr Schinkä

σαλάμι

d Salami

λουκάνικο

s Würschtli

κοτόπουλο

s Huehn

ψητό

dr Bratä

ψάρι

dr Fisch

χυλός βρώμης

d Haferflocke

μούσλι

s Müesli

κορν φλέικς

d Cornflakes

αλεύρι

s Mähl

κρουασάν

s Gipfeli

ψωμάκι

s Brötli

ψωμί

s Brot

τοστ

dr Toscht

μπισκότα

s Guetzli

βούτυρο

d Butter

τυρόπηγμα

dr Quark

κέικ

dr Chueche

αυγό

s Ei

τηγανητό αυγό

s Spiegelei

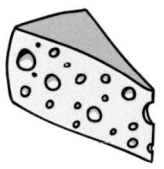

τυρί

dr Chäs

παγωτό

d Glace

ζάχαρη

dr Zucker

μέλι

dr Honig

μαρμελάδα

d Gonfi

άλλειμμα σοκολάτας

d Nougat-Creme

κάρυ

s Curry

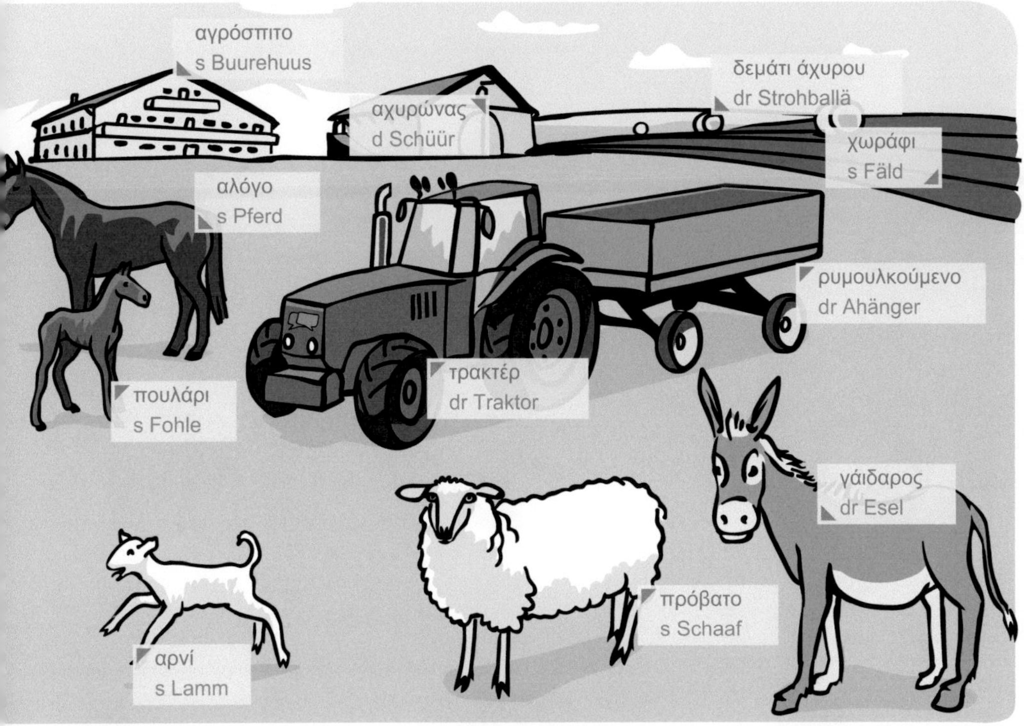

αγρόσπιτο
s Buurehuus

αχυρώνας
d Schüür

δεμάτι άχυρου
dr Strohballä

χωράφι
s Fäld

αλόγο
s Pferd

ρυμουλκούμενο
dr Ahänger

πουλάρι
s Fohle

τρακτέρ
dr Traktor

γάιδαρος
dr Esel

αρνί
s Lamm

πρόβατο
s Schaaf

κατσίκα	αγελάδα	μοσχαράκι
d Geiss	d Chueh	s Chalb

γουρούνι	γουρουνάκι	ταύρος
d Sau	s Ferkel	s Rind

χήνα

d Gans

πάπια

d Änte

κοτοπουλάκι

s Küke

κότα

s Huähn

κόκορας

dr Güggel

αρουραίος

d Ratte

γάτα

d Chatz

ποντίκι

d Muus

βόδι

dr Ochse

σκύλος

dr Hund

σπιτάκι σκύλου

d Hundehütte

λάστιχο κήπου

dr Garteschluuch

ποτιστήρι

d Giesschanne

θεριστήρι

d Sägese

αλέτρι

dr Pflueg

δρεπάνι

d Sichel

τσάπα

d Hacke

δίκρανο

d Heugable

τσεκούρι

d Axt

χειράμαξα

d Garette

ταΐστρα

dr Trog

δοχείο γάλακτος

d Milchchanne

σάκος

dr Sack

φράχτης

dr Haag

στάβλος

dr Gadä

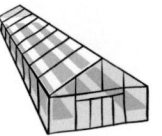

θερμοκήπιο

s Gwächshuus

έδαφος

dr Bode

σπόρος

dr Soome

λίπασμα

dr Dünger

θεριζοαλωνιστική μηχανή

dr Mähdrescher

θερίζω

ärnte

συγκομιδή

d Ärnte

γιαμς

d Yamswurzle

σιτάρι

dr Weize

σόγια

s Soja

πατάτα

dr Härdöpfel

καλαμπόκι

dr Mais

κράμβη

dr Raps

οπωροφόρο δέντρο

dr Obstbaum

μανιόκα

dr Maniok

δημητριακά

s Getreide

σπίτι

s Huus

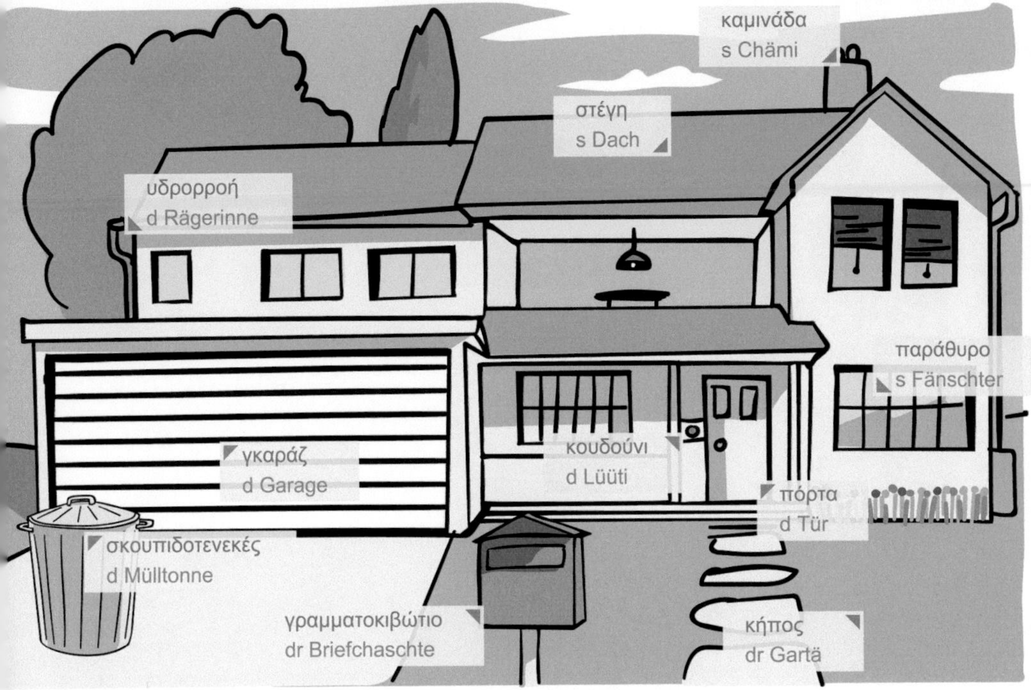
καμινάδα
s Chämi
στέγη
s Dach
υδρορροή
d Rägerinne
παράθυρο
s Fänschter
γκαράζ
d Garage
κουδούνι
d Lüüti
πόρτα
d Tür
σκουπιδοτενεκές
d Mülltonne
γραμματοκιβώτιο
dr Briefchaschte
κήπος
dr Gartä

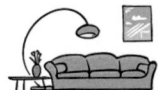

σαλόνι

s Stubä

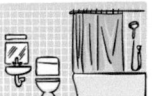

μπάνιο

s Badzimmer

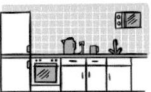

κουζίνα

d Chuchi

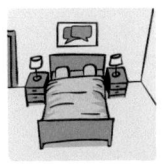

υπνοδωμάτιο

s Schlofzimmer

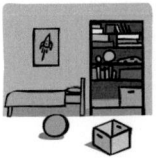

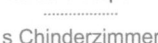

παιδικό δωμάτιο

s Chinderzimmer

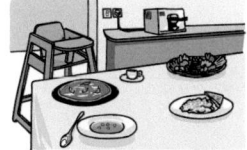

τραπεζαρία

s Ässzimmer

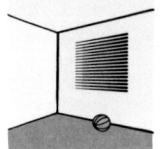

πάτωμα
dr Bodä

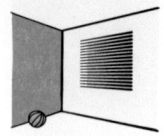

τοίχος
d Wand

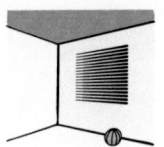

οροφή
d Decki

κελάρι
dr Chäller

σάουνα
d Sauna

μπαλκόνι
dr Balkon

βεράντα
d Terasse

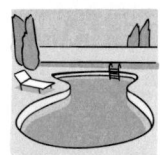

πισίνα
s Pool

μηχανή του γκαζόν
dr Rasemäier

σεντόνι
dr Bettbezug

κάλυμμα κρεβατιού
d Bettdecki

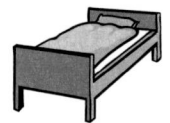

κρεβάτι
s Bett

σκούπα
dr Bäse

κουβάς
dr Chübel

διακόπτης
dr Schalter

σαλόνι
s Stubä

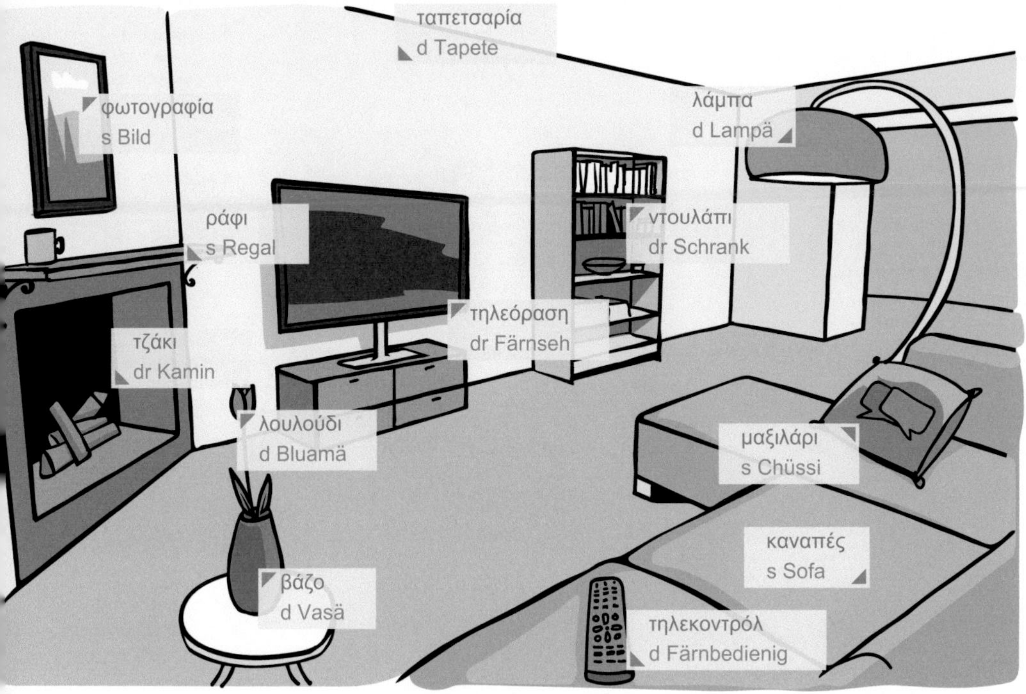

ταπετσαρία
d Tapete
φωτογραφία
s Bild
λάμπα
d Lampä
ράφι
s Regal
ντουλάπι
dr Schrank
τηλεόραση
dr Färnseh
τζάκι
dr Kamin
λουλούδι
d Bluamä
μαξιλάρι
s Chüssi
καναπές
s Sofa
βάζο
d Vasä
τηλεκοντρόλ
d Färnbedienig

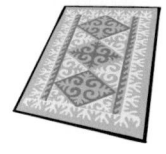

χαλί

dr Teppich

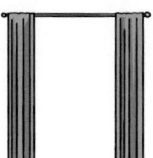

κουρτίνα

dr Vorhang

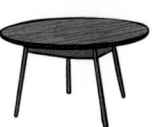

τραπέζι

dr Tisch

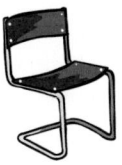

καρέκλα

dr Stuehl

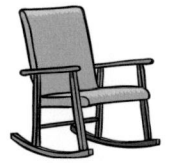

κουνιστή πολυθρόνα

dr Schaukelstuehl

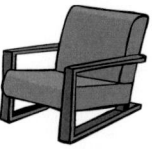

πολυθρόνα

dr Sässel

βιβλίο

s Buech

κουβέρτα

d Decki

διακόσμηση

d Dekoration

καυσόξυλα

s Füürholz

ταινία

dr Film

στερεοφωνικό σύστημα

d Stereoahlag

κλειδί

dr Schlüssel

εφημερίδα

d Ziitig

πίνακας ζωγραφικής

s Bild

αφίσα

s Poster

ραδιόφωνο

s Radio

σημειωματάριο

dr Notizblock

ηλεκτρική σκούπα

dr Staubsuuger

κάκτος

dr Kaktus

κερί

d Chärze

κουζίνα

d Chuchi

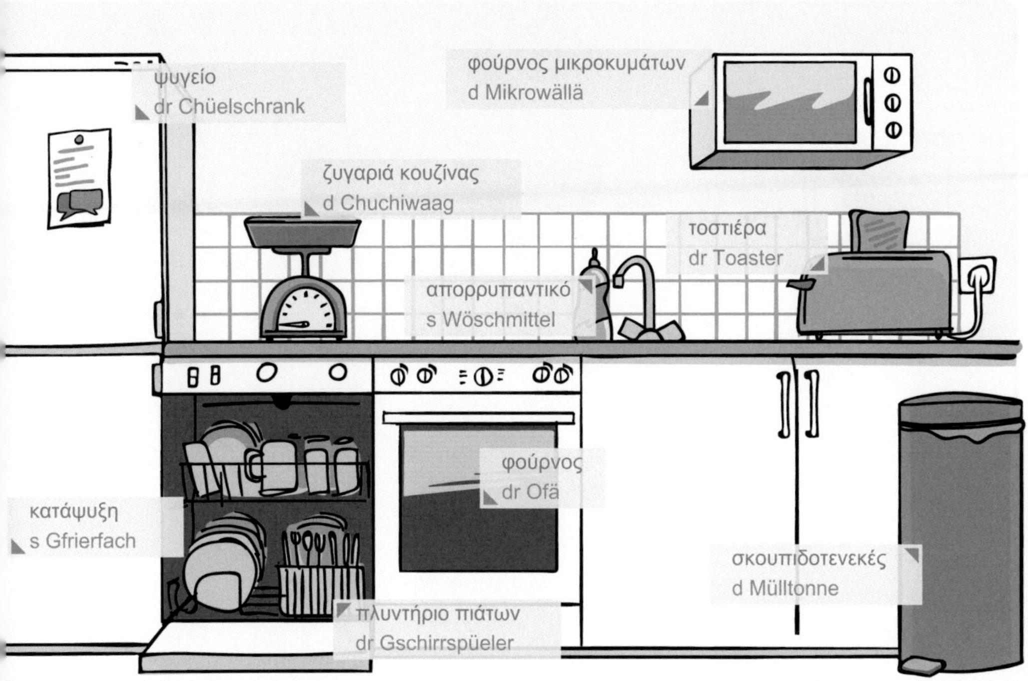
ψυγείο
dr Chüelschrank
φούρνος μικροκυμάτων
d Mikrowällä
ζυγαριά κουζίνας
d Chuchiwaag
τοστιέρα
dr Toaster
απορρυπαντικό
s Wöschmittel
φούρνος
dr Ofä
κατάψυξη
s Gfrierfach
σκουπιδοτενεκές
d Mülltonne
πλυντήριο πιάτων
dr Gschirrspüeler

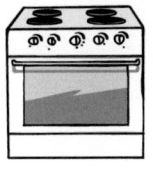

κουζίνα

dr Härd

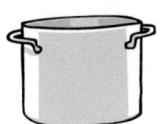

κατσαρόλα

dr Topf

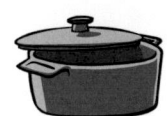

μαντεμένια κατσαρόλα

dr Iisetopf

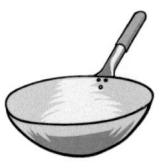

γουόκ/καντάι

dr Wok / Kadai

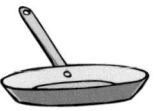

τηγάνι

d Pfanne

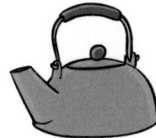

βραστήρας

dr Wasserchocher

ατμομάγειρας

dr Dampfer

ταψί

s Bachbläch

πιατικά

s Gschirr

κούπα

dr Bächer

μπολ

d Schale

ξυλάκια

d Stäbli

κουτάλα

d Suppechellä

σπάτουλα

dr Pfannewänder

ανακατεύω

dr Schneebäse

σουρωτήρι

s Sieb

σουρωτηράκι

s Sieb

τρίφτης

d Raffle

γουδί

dr Mörser

ψησταριά

dr Grill

ανοιχτή φωτιά

d Füürstell

σανίδα κοπής

s Schniidbrätt

πλάστης

s Nudelholz

ανοιχτήρι φελλών

dr Korkäzieher

κονσέρβα

d Dosä

ανοιχτήρι κονσέρβας

dr Dosäöffner

γάντι φούρνου

dr Topflappä

νεροχύτης

s Wöschbecki

βούρτσα

d Bürste

σφουγγάρι

dr Schwumm

μπλέντερ

dr Mixer

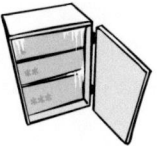

καταψύκτης

dr Gfrierschrank

μπιμπερό

s Babyfläschli

βρύση

dr Hahnä

μπάνιο

s Badzimmer

ντους
d Duschi
θέρμανση
d Heizig
πετσέτα
s Handtuech
κουρτίνα ντουζ
dr Duschvorhang
αφρόλουτρο
s Schumbad
μπανιέρα
d Badwanne
ποτήρι
s Glas
πλυντήριο ρούχων
d Wöschmaschine
βρύση
dr Hahnä
πλακάκια
d Fliesä
γιογιό
s Töpfli
νεροχύτης
s Wöschbecki

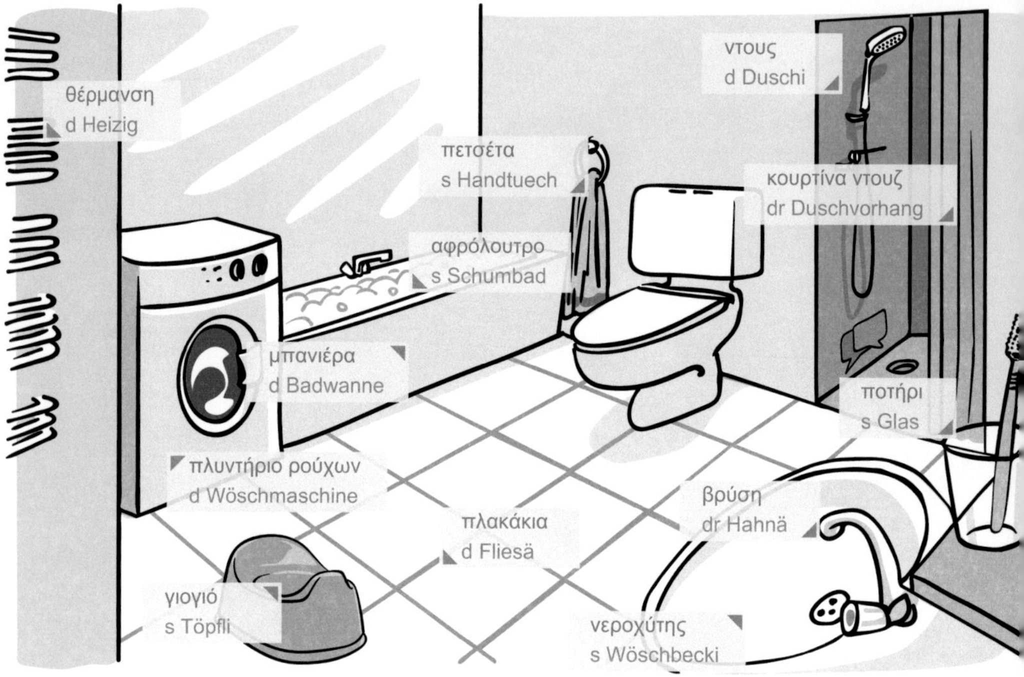

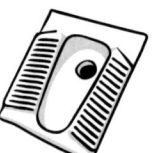

τουαλέτα

d Toilette

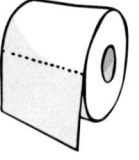

τούρκικη τουαλέτα

s Plumpsklo

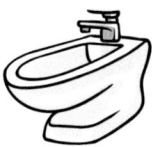

μπιντές

s Bidet

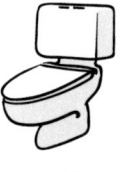

ουρητήριο

s Pissoir

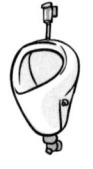

χαρτί υγείας

ds Toilettepapier

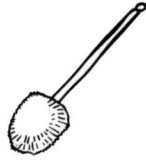

πιγκάλ

d Toilettebürschteli

οδοντόβουρτσα

d Zahbürstä

οδοντόκρεμα

d Zahpasta

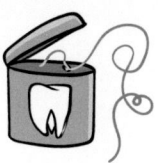

οδοντικό νήμα

d Zahnsiide

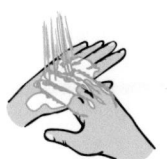

πλένω

wäsche

τηλέφωνο ντους

d Handduschi

ντουσιέρα

d Intiimduschi

λεκάνη

s Wöschbecki

βούρτσα πλάτης

d Ruggäbürste

σαπούνι

d Seifä

αφρόλουτρο

s Duschgel

σαμπουάν

s Shampoo

φανέλα

dr Waschlappä

σιφόνι

dr Abfluss

κρέμα

d Creme

αποσμητικό

s Deo

καθρέφτης

dr Spiegel

καθρέφτης χειρός

dr Handspiegel

ξυραφάκι

dr Rasierer

αφρός ξυρίσματος

dr Rasierschuum

αφτερσέιβ

s Aftershave

χτένα

dr Schträäl

βούρτσα

d Bürstä

σεσουάρ

dr Föhn

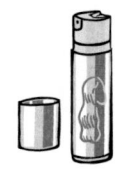

λακ

s Hoorspray

μακιγιάζ

s Makeup

κραγιόν

dr Lippestift

βερνίκι νυχιών

dr Nagellack

βαμβάκι

d Wattä

ψαλίδι νυχιών

d Nagelscher

άρωμα

s Parfum

νεσεσέρ

s Necessaire

σκαμπό

dr Schemel

ζυγαριά

d Waag

μπουρνούζι

dr Badmantel

ελαστικά γάντια

dr Gummihändscheh

ταμπόν

s Tampon

πετσέτα υγιεινής

d Damebinde

χημική τουαλέτα

d chemischi Toilette

παιδικό δωμάτιο
s Chinderzimmer

ξυπνητήρι
dr Wecker
λούτρινο ζωάκι
s Kuscheltier
αυτοκινητάκι
s Spielzügauto
κουδουνίστρα
d Rassle
κουκλόσπιτο
s Puppehuus
δώρο
s Gschänk

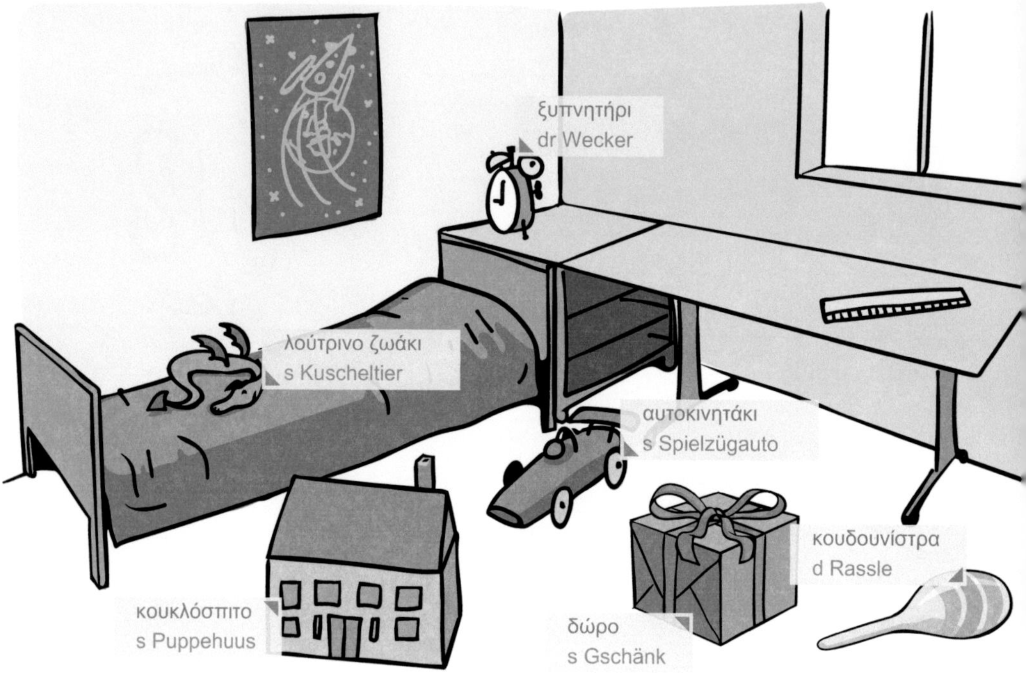

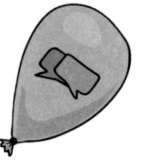

μπαλόνι
dr Ballon

κρεβάτι
s Bett

καροτσάκι
dr Chinderwage

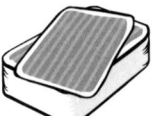

τράπουλα
s Chartespiel

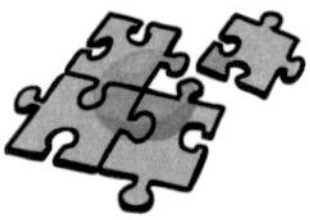

παζλ
s Puzzle

κόμικς
dr Comic

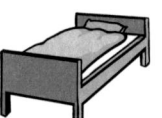

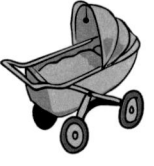

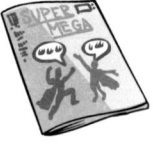

τουβλάκια lego

d Legos

τουβλάκια κατασκευών

d Baustei

φιγούρα δράσης

d Action Figur

βρεφικό φορμάκι

s Strampli

φρίσμπι

s Frisbee

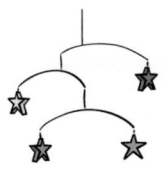

μόμπιλο

s Mobile

επιτραπέζιο παιχνίδι

s Brättspiel

ζάρια

dr Würfäl

σετ τρενάκι

d Modellisebahn

πιπίλα

dr Nuggi

πάρτι

d Party

εικονογραφημένο βιβλίο

s Bilderbuch

μπάλα

dr Ball

κούκλα

d Puppä

παίζω

spiele

σκάμμα με άμμο

dr Sandchaschte

κούνια

d Gigampfi

παιχνίδια

s Spielzüg

κονσόλα βιντεοπαιχνιδιών

d Videospielkonsole

τρίκυκλο

s Dreirad

αρκουδάκι

dr Teddy

ντουλάπα

dr Chleiderschrank

ρούχα
d Chleidig

κάλτσες

d Sockä

καλτσοδέτες

d Strümpf

καλσόν

d Strumpfhosä

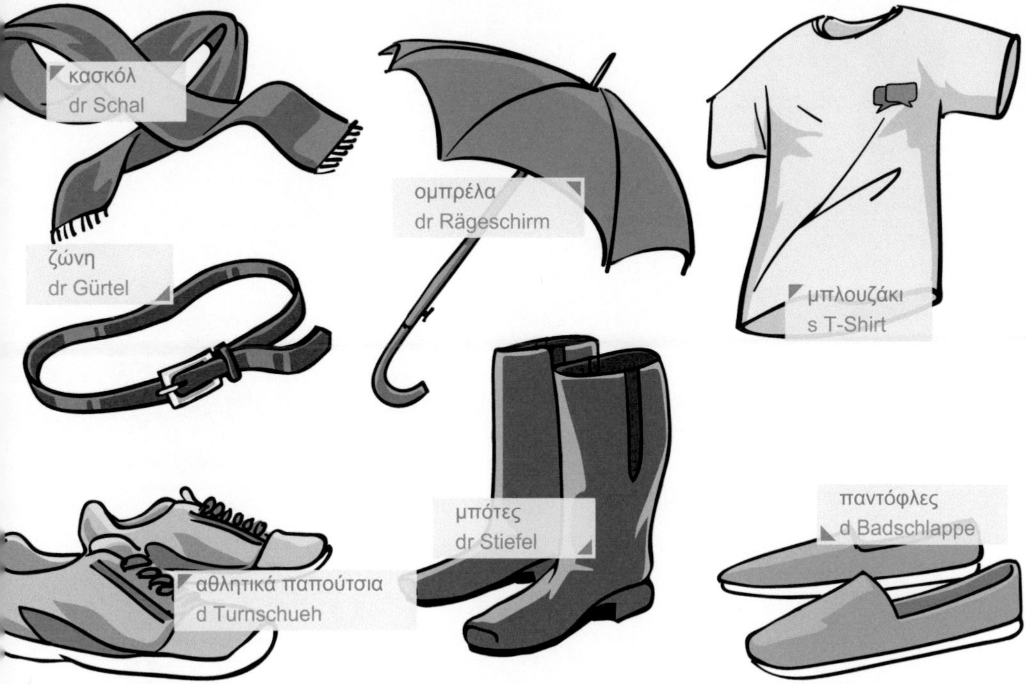

κασκόλ
- dr Schal

ομπρέλα
dr Rägeschirm

μπλουζάκι
s T-Shirt

ζώνη
dr Gürtel

μπότες
dr Stiefel

παντόφλες
d Badschlappe

αθλητικά παπούτσια
d Turnschueh

σανδάλια
....
d Sandalä

παπούτσια
....
d Schueh

γαλότσες
....
d Gummistiefel

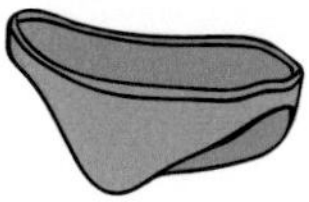

εσώρουχο
....
d Untrhosä

σουτιέν
....
dr BH

φανέλα
....
s Underlibli

σώμα

dr Body

παντελόνι

d Hosä

τζιν παντελόνι

d Jeans

φούστα

dr Rock

μπλούζα

d Bluse

πουκάμισο

s Hömli

πουλόβερ

dr Pulli

πουλόβερ

dr Kapuzepulli

σακάκι

dr Blazer

μπουφάν

d Jacke

παλτό

dr Mantel

αδιάβροχο πανωφόρι

dr Rägämantel

κοστούμι

s Chostüm

φόρεμα

s Chleid

νυφικό

s Hochziitskleid

κοστούμι

dr Ahzug

νυχτικό

s Nachthömli

πιτζάμες

s Pyjama

σάρι

dr Sari

μαντήλι

s Chopftuäch

τουρμπάνι

dr Turban

μπούρκα

d Burka

καφτάνι

dr Kaftan

μουσουλμανικό ένδυμα

d Abaya

ολόσωμο μαγιό

s Badchleid

ανδρικό μαγιό

d Badhose

σορτς

d churzi Hosä

αθλητική φόρμα

dr Trainer

ποδιά

d Schürze

γάντια

d Händsche

κουμπί

dr Chnopf

γυαλιά

d Brüllä

βραχιόλι

s Armband

περιδέραιο

d Chetti

δαχτυλίδι

dr Ring

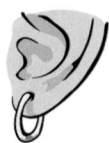

σκουλαρίκι

dr Ohrering

καπέλο

d Chappe

κρεμάστρα

dr Chleiderbügel

καπέλο

dr Huet

γραβάτα

d Grawattä

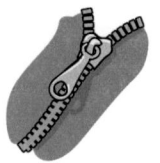

φερμουάρ

dr Riissverschluss

κράνος

dr Helm

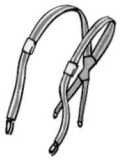

τιράντες

dr Hosäträger

μαθητική στολή

d Schueluniform

στολή

d Uniform

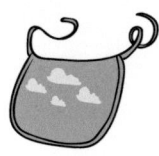

σαλιάρα

s Lätzli

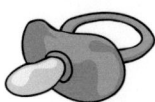

πιπίλα

dr Nuggi

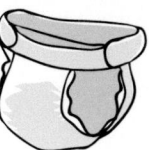

πάνα

d Windle

γραφείο
s Büro

σέρβερ
dr Server
αρχειοθήκη
dr Akteschrank
εκτυπωτής
dr Drucker
χαρτί
s Papier
οθόνη
dr Monitor
γραφείο
dr Schribtisch
ποντίκι
d Muus
ντοσιέ
dr Ordner
πληκτρολόγιο
d Taschtatur
καλάθι αχρήστων
dr Papierchorb
υπολογιστής
dr Computer
καρέκλα
dr Stuehl

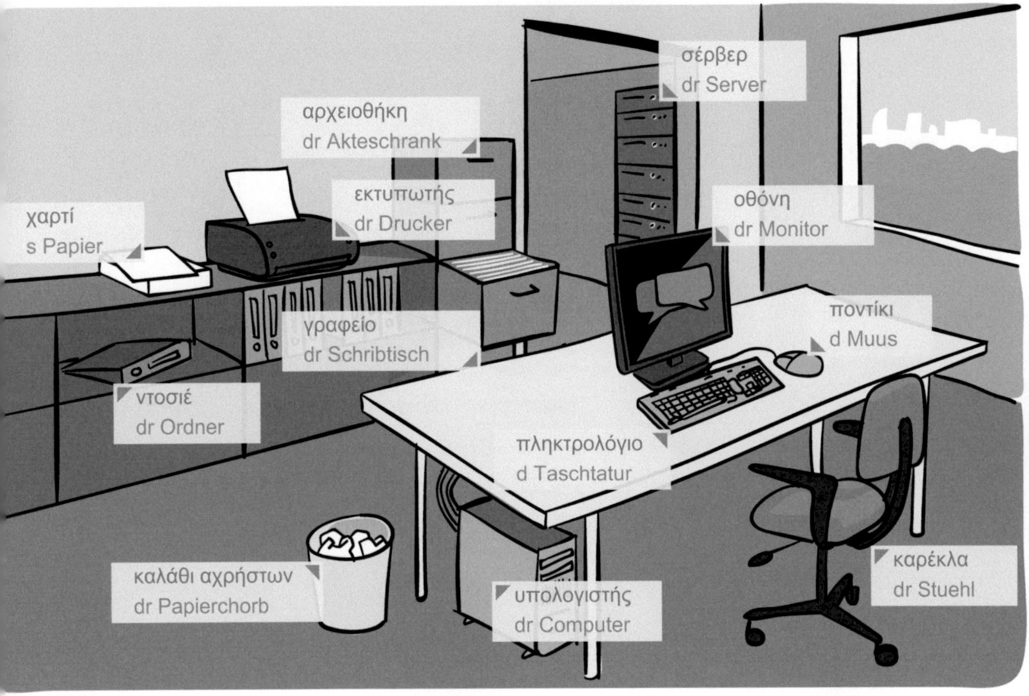

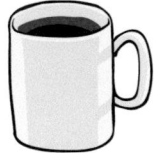

κούπα του καφέ

dr Kafibächer

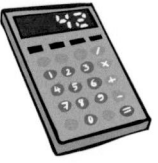

κομπιουτεράκι

dr Tascherächner

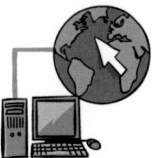

ίντερνετ

s Internet

λάπτοπ

dr Laptop

γράμμα

dr Brief

μήνυμα

d Nochricht

κινητό

s Mobiltelefon

δίκτυο

s Netzwärk

φωτοτυπικό μηχάνημα

dr Kopierer

λογισμικό

d Software

τηλέφωνο

s Telefon

πρίζα

d Steckdosä

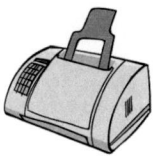

συσκευή φαξ

s Fax

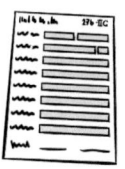

έντυπο

s Formular

έγγραφο

s Dokumänt

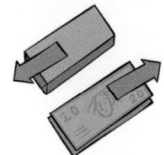

αγοράζω

chaufe

πληρώνω

zahle

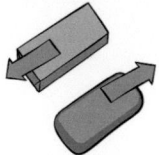

συναλλάσσομαι

handle

χρήματα

s Gäld

 USD

δολάριο

dr Dollar

 EUR

ευρώ

dr Euro

JPY

γιεν

dr Yen

RUB

ρούβλι

dr Rubel

CHF

ελβετικό φράγκο

dr Frankä

CNY

ρενμίνμπι γιουάν

dr Renminbi Yuan

INR

ρουπία

d Rupie

ATM (αυτόματη ταμειακή μηχανή)

dr Gäldautomat

ανταλλακτήρια
συναλλάγματος

d Wächselstube

χρυσός

s Gold

ασήμι

s Silber

πετρέλαιο

s Öl

ενέργεια

d Energie

τιμή

dr Preis

συμβόλαιο

dr Vertrag

φόρος

d Stüür

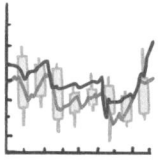

μετοχή

d Aktie

δουλεύω

schaffe

υπάλληλος

dr Mitarbeiter

εργοδότης

dr Arbeitgeber

εργοστάσιο

d Fabrik

κατάστημα

s Gschäft

επαγγέλματα
d Brüef

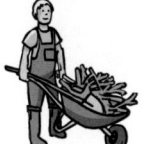

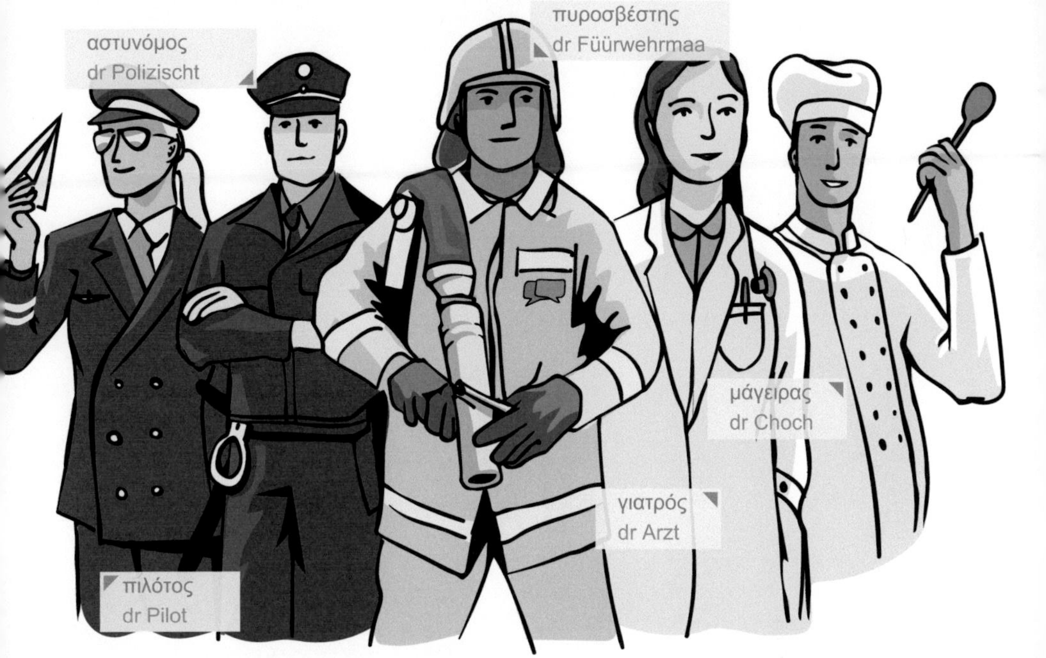
αστυνόμος
dr Polizischt
πυροσβέστης
dr Füürwehrmaa
μάγειρας
dr Choch
γιατρός
dr Arzt
πιλότος
dr Pilot

κηπουρός

dr Gärtner

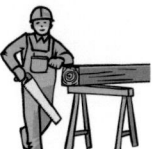

ξυλουργός

dr Zimmermah

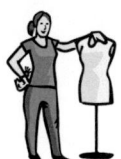

μοδίστρα

d Näheri

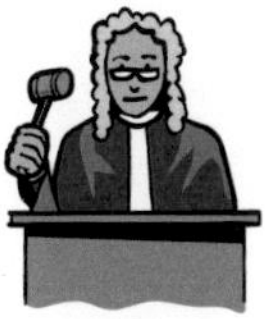

δικαστής

dr Richter

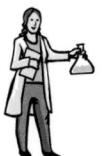

χημικός

dr Chemiker

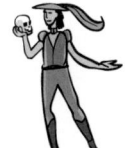

ηθοποιός

dr Darsteller

οδηγός λεωφορείου

dr Busfahrer

ταξιτζής

dr Taxifahrer

ψαράς

dr Fischer

καθαρίστρια

d Putzfrau

τεχνίτης στεγών

dr Dachdecker

σερβιτόρος

dr Chällner

κυνηγός

dr Jäger

ζωγράφος

dr Moler

αρτοποιός

dr Bäcker

ηλεκτρολόγος

dr Elektriker

οικοδόμος

dr Bauarbeiter

μηχανολόγος

dr Ingenieur

κρεοπώλης

dr Schlachter

υδραυλικός

dr Klämpner

ταχυδρόμος

dr Pöschtler

στρατιώτης
dr Soldat

αρχιτέκτονας
dr Architekt

ταμίας
dr Kassierer

ανθοπώλης
dr Florischt

κομμωτής
dr Frisör

ελεγκτής εισιτηρίων
dr Kontrolleur

μηχανικός
dr Mechaniker

καπετάνιος
dr Kapitän

οδοντίατρος
dr Zahnarzt

επιστήμονας
dr Wüsseschaftler

ραβίνος
dr Rabbi

ιμάμης
dr Imam

μοναχός
dr Mönch

ιερέας
dr Pfarrer

εργαλεία
d Werkzüüg

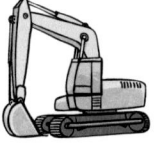

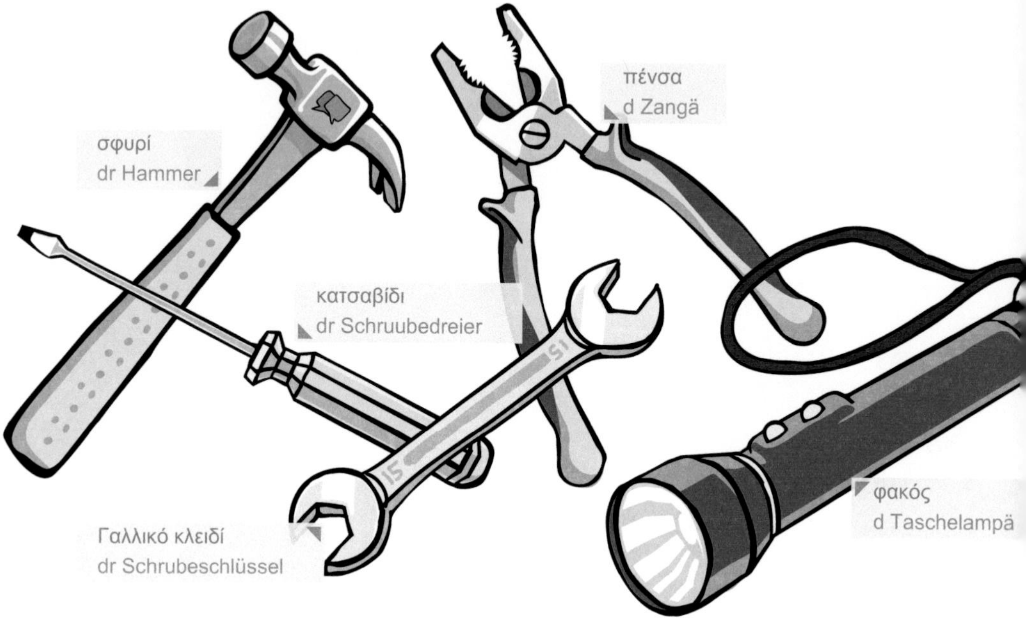
σφυρί
dr Hammer
πένσα
d Zangä
κατσαβίδι
dr Schruubedreier
φακός
d Taschelampä
Γαλλικό κλειδί
dr Schrubeschlüssel

εκσκαφέας

dr Bagger

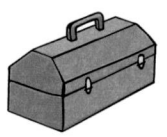

εργαλειοθήκη

dr Werkzüügchaschte

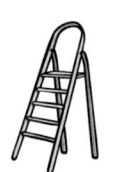

σκάλα

d Leitere

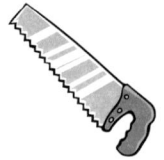

πριόνι

d Sagi

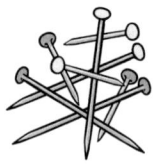

καρφιά

d Negel

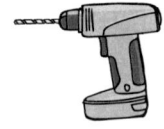

τρυπάνι

dr Bohrer

επισκευάζω

flicke

φτυάρι

d Schufle

Να πάρει!

Mischt!

φαράσι

d Ascheschufle

δοχείο χρωμάτων

dr Farbchübel

βίδες

d Schruube

μουσικά όργανα
d Musiginstrumänt

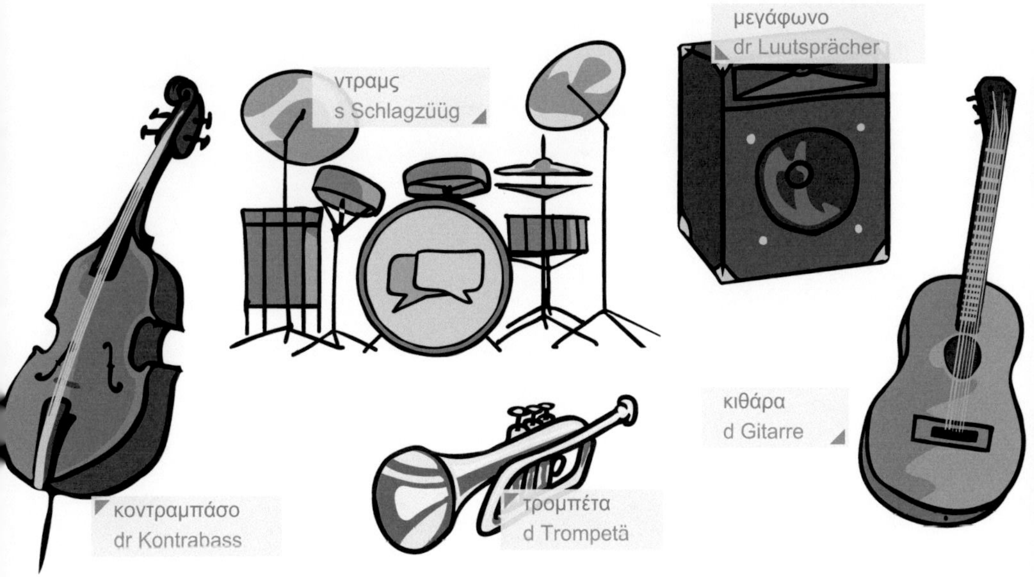

μεγάφωνο
dr Luutsprächer

ντραμς
s Schlagzüüg

κιθάρα
d Gitarre

κοντραμπάσο
dr Kontrabass

τρομπέτα
d Trompetä

πιάνο

s Klavier

βιολί

d Violine

μπάσο

dr Bass

τύμπανα

d Pauke

τύμπανο

d Trummle

πλήκτρα

s Keyboard

σαξόφωνο

s Saxophon

φλάουτο

d Flöte

μικρόφωνο

s Mikrofon

ζωολογικός κήπος
dr Zolli

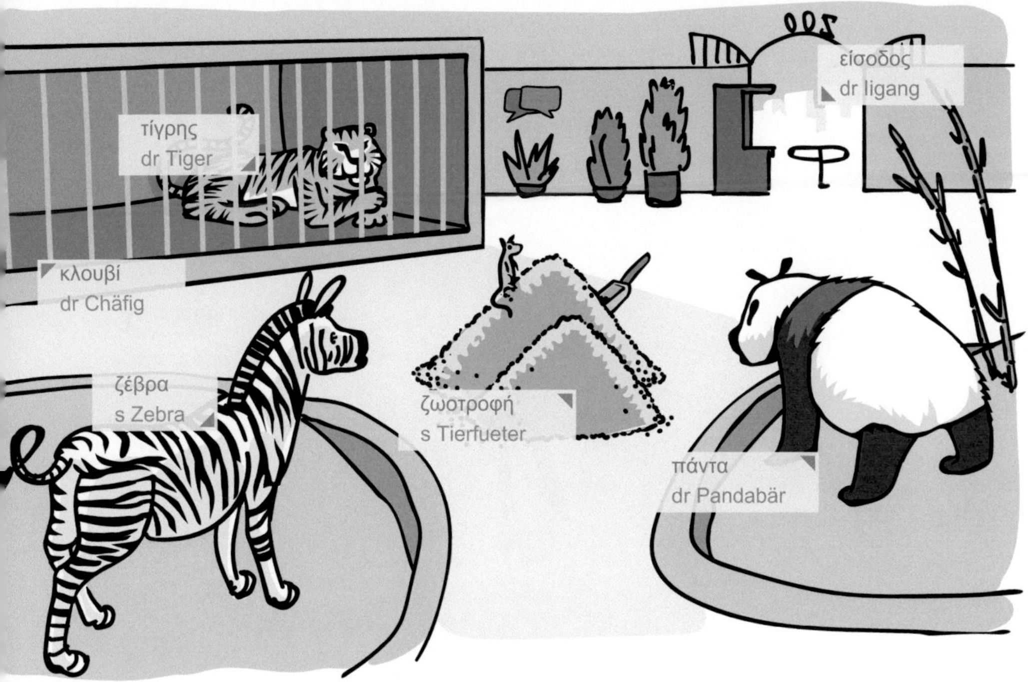

είσοδος
dr Iigang
τίγρης
dr Tiger
κλουβί
dr Chäfig
ζέβρα
s Zebra
ζωοτροφή
s Tierfueter
πάντα
dr Pandabär

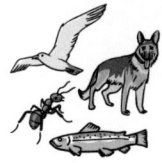

ζώα

d Tier

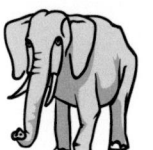

ελέφαντας

dr Elefant

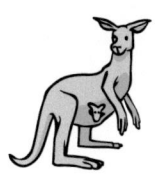

καγκουρό

s Känguru

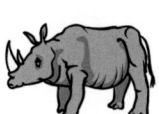

ρινόκερος

s Nashorn

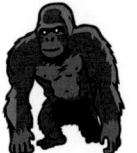

γορίλας

dr Gorilla

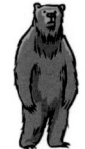

αρκούδα

dr Bär

καμήλα

s Kamel

στρουθοκάμηλος

dr Struss

λιοντάρι

dr Leu

πίθηκος

dr Aff

φλαμίνγκο

dr Flamingo

παπαγάλος

dr Papagei

πολική αρκούδα

dr Iisbär

πιγκουίνος

dr Pinguin

καρχαρίας

dr Hai

παγώνι

dr Pfau

φίδι

d Schlangä

κροκόδειλος

s Krokodil

φύλακας ζωολογικού κήπου

dr Zoowärter

φώκια

d Robbä

τζάγκουαρ

dr Jaguar

πόνυ

s Pony

λεοπάρδαλη

dr Leopard

ιπποπόταμος

s Nilpfärd

καμηλοπάρδαλη

d Giraff

αετός

dr Adler

αγριογούρουνο

s Wildschwein

ψάρι

dr Fisch

χελώνα

d Schildkrot

θαλάσσιος ίππος

s Walross

αλεπού

dr Fuchs

γαζέλα

d Gazelle

Αμερικάνικο ποδόσφαιρο
s American Football

ποδηλασία
s Velofahre

αντισφαίριση
s Tennis

μπάσκετ
dr Basketball

κολύμβηση
s Schwümmä

χόκεϋ επί πάγου
s Iishockey

πυγχαμία
s Boxä

ποδόσφαιρο
dr Fuessball

μπάντμιντον
s Badminton

στίβος
d Liechtathletik

χάντμπολ
dr Handball

σκι
s Skifahre

πόλο
s Polo

δραστηριότητες
d Aktivitäte

πηδάω
springä
αγκαλιάζω
umarme
γελάω
lachä
περπατάω
gah
τραγουδάω
singe
ονειρεύομαι
troime
προσεύχομαι
bätte
φιλάω
küssä

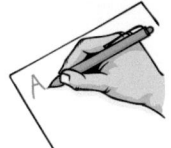

γράφω

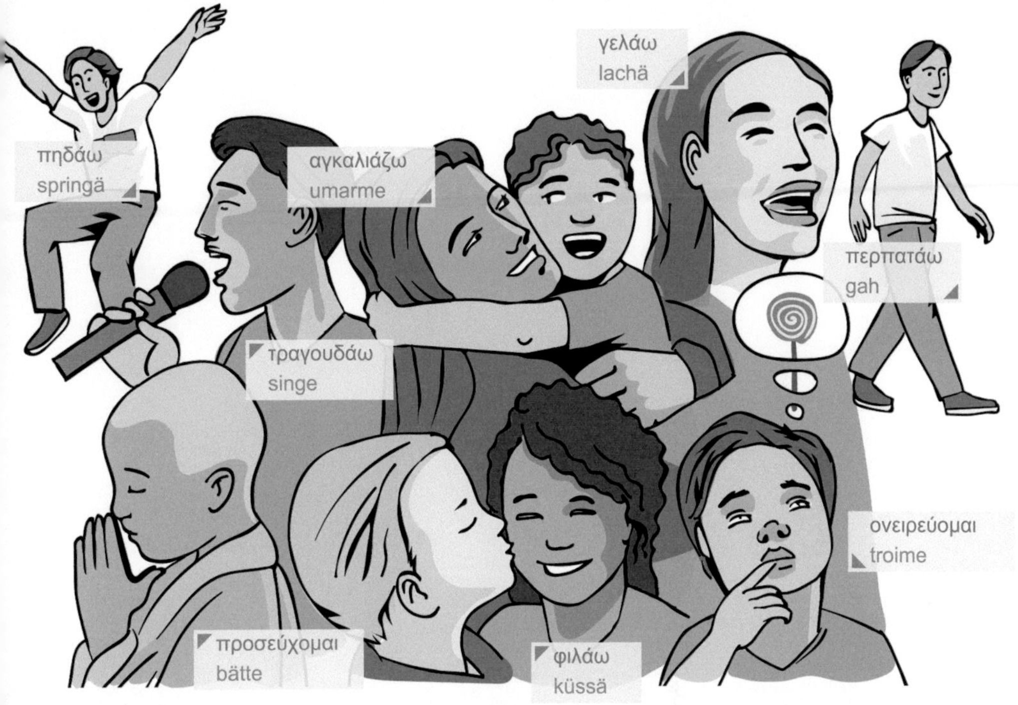

schribe

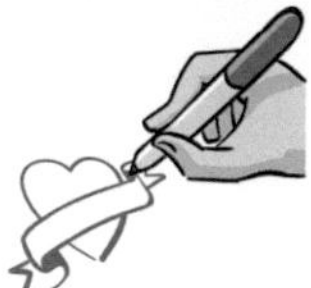

σχεδιάζω

zeichne

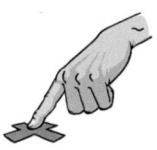

δείχνω

zeige

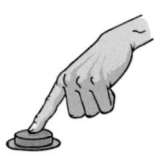

πιέζω

schiebe

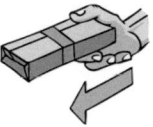

δίνω

gäh

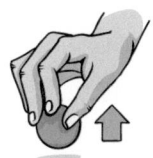

παίρνω

näh

έχω

händ

κάνω

mache

είμαι

sy

στέκομαι

stah

τρέχω

laufe

τραβάω

zieh

ρίχνω

rüerä

πέφτω

fallä

ξαπλώνω

ligge

περιμένω

warte

κουβαλώ

träge

κάθομαι

sitze

φοράω

ahzieh

κοιμάμαι

schlafe

ξυπνάω

ufwache

κοιτάω

ahluege

κλαίω

brüele

χαϊδεύω

striichle

χτενίζω

bürste

μιλάω

redä

καταλαβαίνω

verschtah

ρωτάω

froog

ακούω

lose

πίνω

trinke

τρώω

ässe

συγυρίζω

ufruume

αγαπάω

liebe

μαγειρεύω

chochä

οδηγώ

fahre

πετάω

flüge

κάνω ιστιοπλοΐα

segle

υπολογίζω

rächne

διαβάζω

läse

μαθαίνω

leerä

δουλεύω

schaffe

παντρεύομαι

hürate

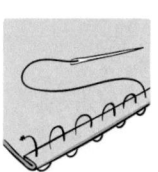

ράβω

näije

βουρτσίζω τα δόντια

Zäh putze

σκοτώνω

töte

καπνίζω

schlootä

στέλνω

sände

οικογένεια
d Familiä

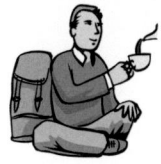

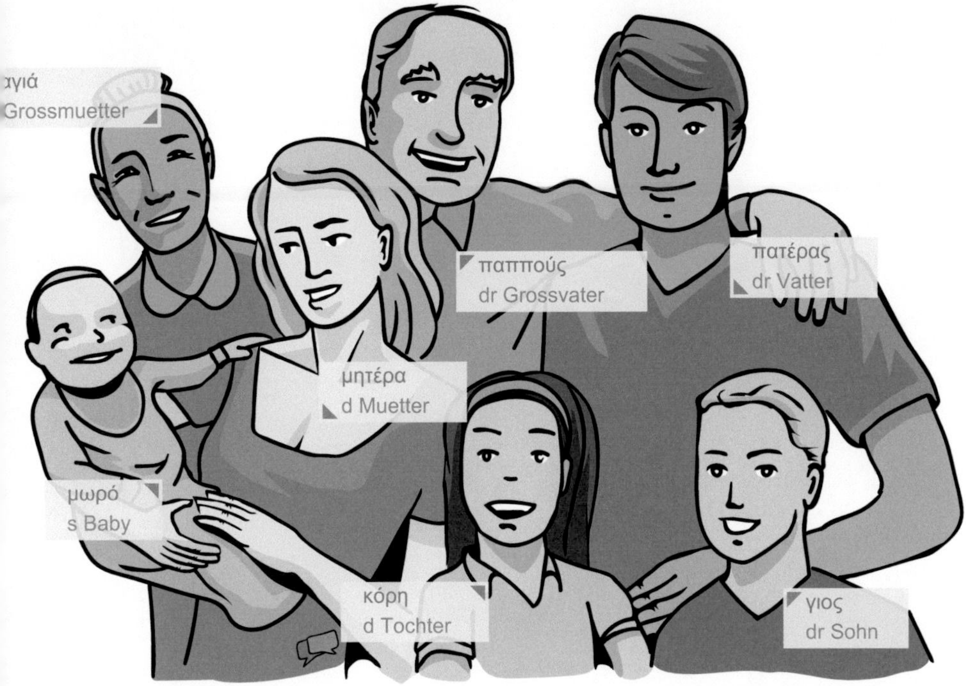

αγιά
Grossmuetter
παππούς
dr Grossvater
πατέρας
dr Vatter
μητέρα
d Muetter
μωρό
s Baby
κόρη
d Tochter
γιος
dr Sohn

καλεσμένος

dr Gast

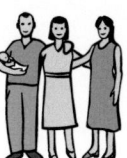

θεία

d Tante

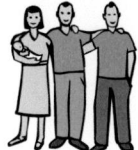

θείος

dr Unkel

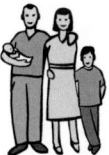

αδελφός

dr Brüeder

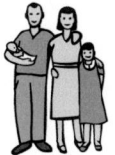

αδελφή

d Schwöschter

σώμα
dr Körpär

μέτωπο
d Stirn
μάτι
ds Aug
ώμος
d Schultere
δάχτυλο
dr Fingär
πρόσωπο
s Gsicht
πιγούνι
s Chüni
χέρι
d Hand
πόδι
s Bei
στήθος
d Bruscht
βραχίονας
dr Arm

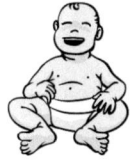

μωρό

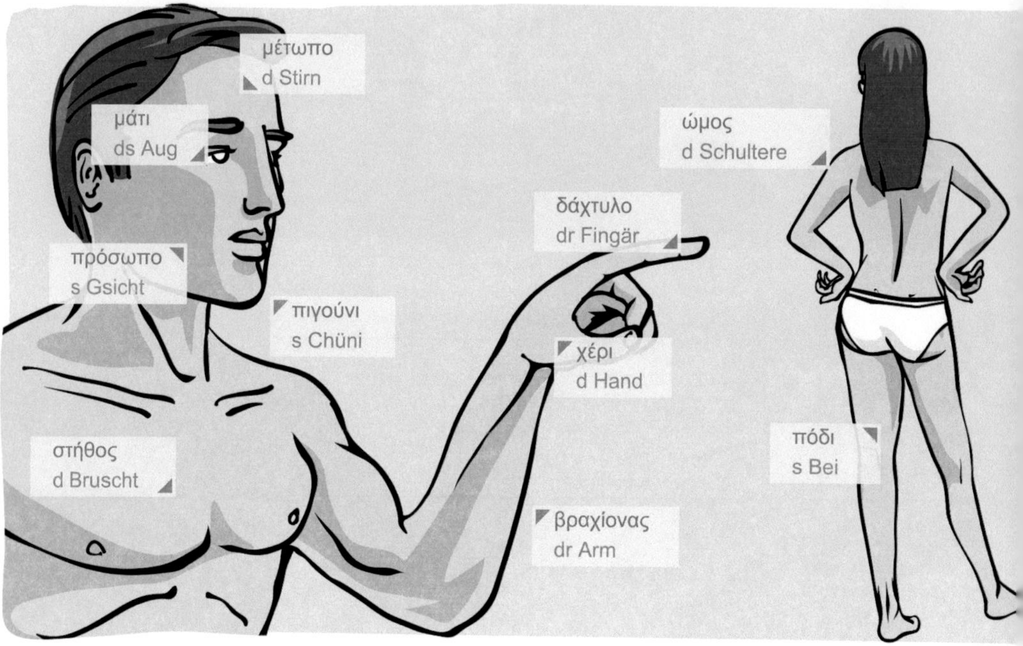

s Baby

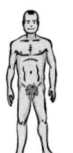

άνδρας

dr Mah

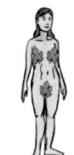

γυναίκα

d Frau

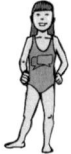

κορίτσι

s Meitli

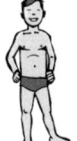

αγόρι

dr Bueb

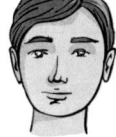

κεφάλι

dr Chopf

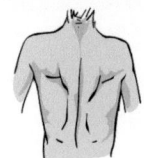

πλάτη

dr Ruggä

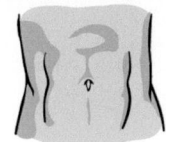

κοιλιά

dr Buuch

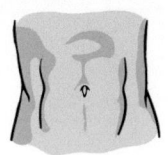

αφαλός

dr Buchnabel

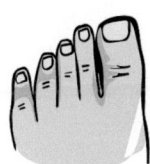

δάχτυλο ποδιού

dr Zäche

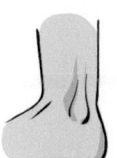

φτέρνα

d Fersä

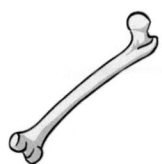

κόκκαλο

d Knoche

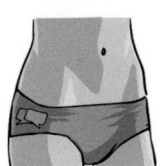

γοφός

d Hüfte

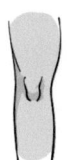

γόνατο

s Chnü

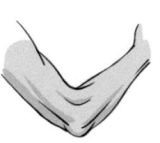

αγκώνας

dr Ellbogä

μύτη

d Nase

γλουτός

s Füdli

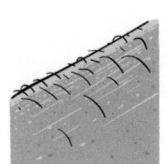

δέρμα

d Hut

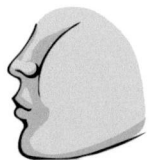

μάγουλο

d Bagge

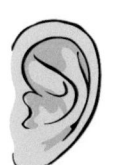

αυτί

s Ohr

χείλος

d Lippe

στόμα

s Muul

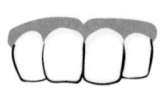

δόντι

dr Zah

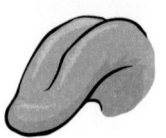

γλώσσα

d Zungä

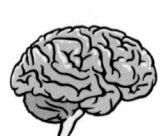

εγκέφαλος

s Hirni

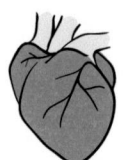

καρδιά

s Härz

μυς

dr Muskel

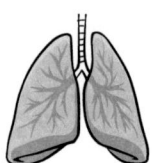

πνεύμονας

d Lungä

συκώτι

d Läberä

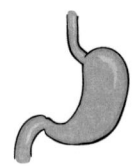

στομάχι

dr Magen

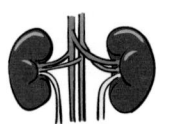

νεφρά

d Nierä

σεξουαλική επαφή

dr Gschlächtsvrkehr

προφυλακτικό

s Kondom

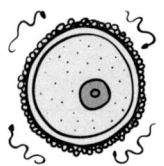

ωάριο

d Eizälle

σπέρμα

dr Soome

εγκυμοσύνη

d Schwangerschaft

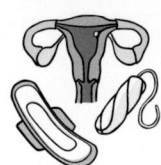

περίοδος

d Menstruation

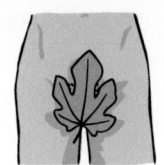

γυναικείος κόλπος

d Vagina

πέος

dr Penis

φρύδι

d Augebrauä

μαλλιά

s Haar

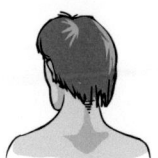

λαιμός

dr Hals

νοσοκομείο
s Spital

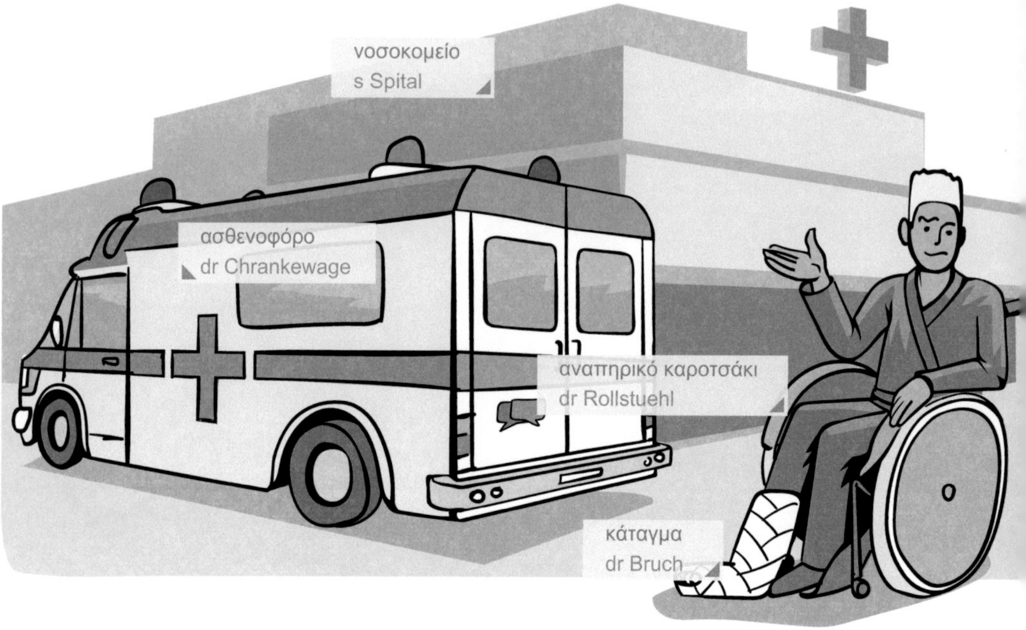

νοσοκομείο
s Spital
ασθενοφόρο
dr Chrankewage
αναπηρικό καροτσάκι
dr Rollstuehl
κάταγμα
dr Bruch

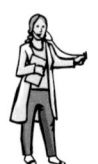

γιατρός

dr Arzt

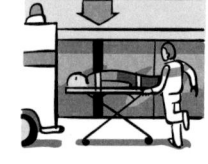

μονάδα εντατικής θεραπείας

d Notufnahm

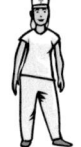

νοσοκόμα

d Chrankeschwöschter

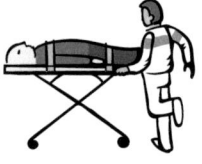

έκτακτη ανάγκη

dr Notfall

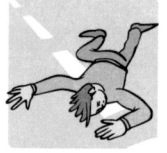

λιπόθυμος

ohnmächtig

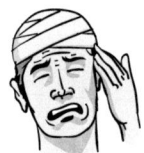

πόνος

dr Schmärz

τραύμα

d Verletzig

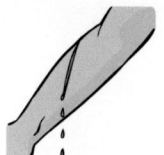

αιμορραγία

d Bluätig

έμφραγμα

dr Härzinfarkt

εγκεφαλικό

dr Schlagahfall

αλλεργία

d Allergie

βήχας

dr Hueschtä

πυρετός

s Fieber

γρίπη

d Grippe

διάρροια

dr Durchfall

πονοκέφαλος

d Kopfschmärze

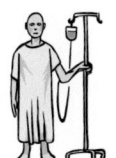

καρκίνος

dr Kräbs

διαβήτης

dr Diabetes

χειρουργός

dr Chirurg

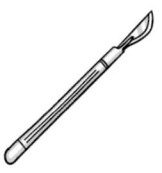

νυστέρι

s Skalpell

εγχείρηση

d Operation

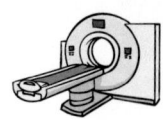

αξονική τομογραφία

s CT

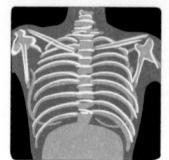

ακτινογραφία

s Röntgä

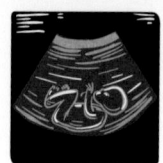

υπέρηχος

s Ultraschall

μάσκα

d Gsichtsmaske

ασθένεια

d Krankhet

αίθουσα αναμονής

s Wartezimmer

πατερίτσα

d Krückä

χάνσαπλαστ

s Pflaster

επίδεσμος

dr Vrband

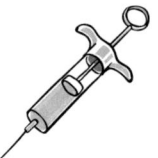

ένεση

d Injektion

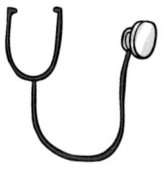

στηθοσκόπιο

s Stethoskop

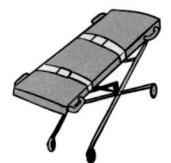

φορείο

d Trage

θερμόμετρο

s Thermometer

γέννηση

d Geburt

υπέρβαρο

s Übergwicht

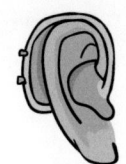

ακουστικό βαρηκοΐας

s Hörgrät

αντισηπτικό

s Desinfektionsmittel

λοίμωξη

d Infektion

ιός

s Virus

HIV/AIDS

s HIV / AIDS

φάρμακο

d Medizin

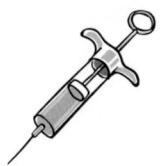

εμβολιασμός

d Impfig

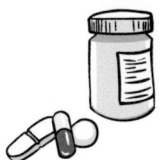

δισκία

d Tablette

χάπι

d Pille

κλήση έκτακτης ανάγκης

dr Notruef

πιεσόμετρο αίματος

s Bluetdruck-Mässgrät

άρρωστος / υγιής

chrank / gsund

Βοήθεια!
Hiufe!

συναγερμός
dr Alarm

βιαιοπραγία
dr Überfall

επίθεση
dr Ahgriff

κίνδυνος
d Gfohr

έξοδος κινδύνου
dr Notuusgang

Φωτιά!
Füür!

πυροσβεστήρας
dr Füürlöscher

ατύχημα
dr Unfall

κουτί πρώτων βοηθειών
dr Ersti-Hilf-Koffer

SOS
SOS

αστυνομία
d Polizei

Ευρώπη

s Europa

Βόρεια Αμερική

s Nordamerika

Νότια Αμερική

s Südamerika

Αφρική

s Afrika

Ασία

s Asie

Αυστραλία

s Auschtralie

Ατλαντικός Ωκεανός

dr Atlantik

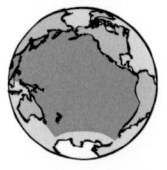

Ειρηνικός Ωκεανός

dr Pazifik

Ινδικός Ωκεανός

dr Indische Ozean

Ανταρκτικός Ωκεανός

dr Antarktische Ozean

Αρκτικός Ωκεανός

dr Arktische Ozean

Βόρειος Πόλος

dr Nordpol

Νότιος Πόλος

dr Südpol

Ανταρκτική

d Antarktis

Γη

d Ärde

γη

s Land

θάλασσα

s Meer

νησί

d Inslä

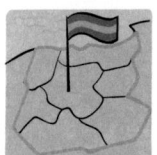

έθνος

d Nation

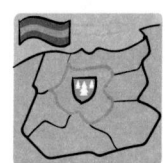

πολιτεία

dr Staat

καντράν ρολογιού

s Ziffereblatt

ωροδείκτης

dr Stundezeiger

λεπτοδείκτης

dr Minutezeiger

δείκτης δευτερολέπτων

dr Sekundezeiger

Τι ώρα είναι;

Wie spaht isch es?

ημέρα

dr Tag

χρόνος

d Zit

τώρα

jetzt

ψηφιακό ρολόι

d Digitaluhr

λεπτό

d Minute

ώρα

d Stunde

εβδομάδα
d Wuche

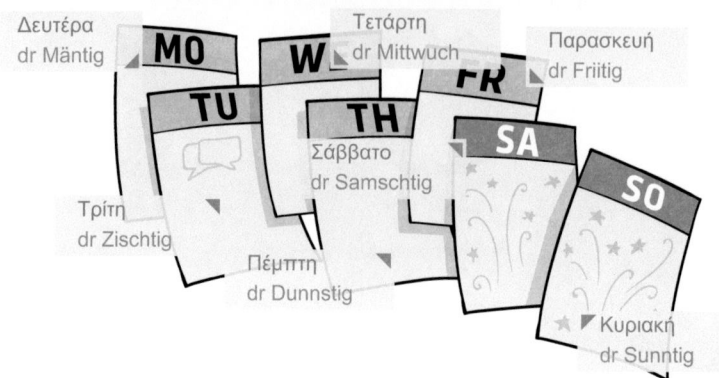

Δευτέρα
dr Mäntig

Τετάρτη
dr Mittwuch

Παρασκευή
dr Friitig

Τρίτη
dr Zischtig

Σάββατο
dr Samschtig

Πέμπτη
dr Dunnstig

Κυριακή
dr Sunntig

χθες

geschter

σήμερα

hüt

αύριο

morn

πρωί

dr Morgä

μεσημέρι

dr Mittag

βράδυ

dr Aabig

εργάσιμες ημέρες

d Wärktag

Σαββατοκύριακο

s Wuchenänd

βροχή
dr Räge

ουράνιο τόξο
dr Rägeboge

χιόνι
dr Schnee

άνεμος
dr Wind

άνοιξη
dr Früelig

καλοκαίρι
dr Summer

φθινόπωρο
dr Herbscht

χειμώνας
dr Winter

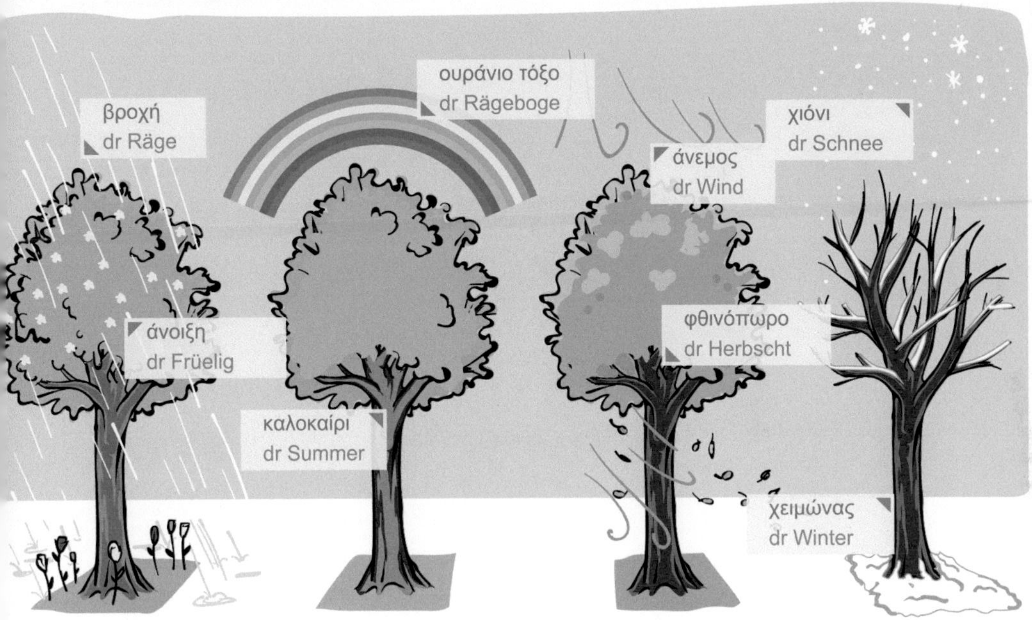

πρόγνωση καιρού

d Wättervorhärsag

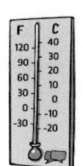

θερμόμετρο

s Thermometer

λιακάδα

dr Sunneschiin

σύννεφο

d Wolkä

ομίχλη

d Näbel

υγρασία

d Fiechtigkeit

αστραπή

dr Blitz

κεραυνός

dr Dunner

καταιγίδα

dr Sturm

χαλάζι

d Hagel

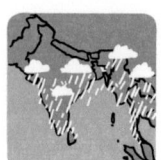

μουσώνας

dr Monsun

πλημμύρα

d Fluet

πάγος

s Iis

Ιανουάριος

dr Januar

Φεβρουάριος

dr Februar

Μάρτιος

dr März

Απρίλιος

dr April

Μάιος

dr Mai

Ιούνιος

dr Juni

Ιούλιος

dr Juli

Αύγουστος

dr Auguscht

έτος - s Johr

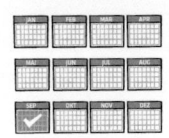

Σεπτέμβριος
....
dr Septämber

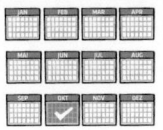

Οκτώβριος
....
dr Oktober

Νοέμβριος
....
dr Novämber

Δεκέμβριος
....
dr Dezämber

σχήματα
d Forme

κύκλος
....
dr Kreis

τετράγωνο
....
s Quadrat

ορθογώνιο
παραλληλόγραμμο
s Rächteck

τρίγωνο
....
s Dreieck

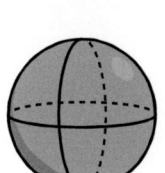

σφαίρα
....
d Chugele

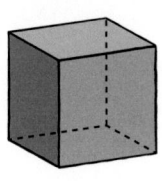

κύβος
....
dr Würfel

άσπρο

wiss

κίτρινο

gäl

πορτοκαλί

orange

ροζ

pink

κόκκινο

rot

μωβ

liila

μπλε

blau

πράσινο

grüen

καφέ

bruun

γκρι

grau

μαύρο

schwarz

πολύ / λίγο

viel / wenig

θυμωμένος / ήρεμος

hässig / ruhig

όμορφος / άσχημος

hübsch / hässlich

αρχή / τέλος

dr Ahfang / s Ändi

μεγάλος / μικρός

gross / chli

φωτεινός / σκοτεινός

hell / dunkel

αδελφός / αδελφή

dr Brüeder / d Schwöschter

καθαρός / λερωμένος

suuber / dräckig

πλήρης / ατελής

vollständig / unvollständig

ημέρα / νύχτα

dr Tag / d Nacht

νεκρός / ζωντανός

tot / läbig

φαρδύς / στενός

breit / schmal

βρώσιμος / μη βρώσιμος

ässbar / nid ässbar

κακός / ευγενικός

bös / fründlich

ενθουσιασμένος / βαριεστημένος

uffreggt / glangwilt

παχύς / λεπτός

dick / dünn

πρώτος / τελευταίος

zerscht / zletscht

φίλος / εχθρός

dr Fründ / dr Find

γεμάτος / άδειος

voll / läär

σκληρός / μαλακός

hart / weich

βαρύς / ελαφρύς

schwer / liecht

πείνα / δίψα

dr Hunger / dr Durscht

άρρωστος / υγιής

chrank / gsund

παράνομος / νόμιμος

illegal / legal

έξυπνος / χαζός

intelligänt / gatz

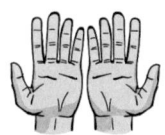

αριστερός / δεξιός

links / rächts

κοντινός / μακρινός

nöch / wiit weg

καινούριος /
μεταχειρισμένος
neu / bruucht

τίποτα / κάτι
nüt / öpis

γέρος | νέος
alt / jung

αναμμένος / σβηστός
ah / uss

ανοιχτός / κλειστός
offe / zue

χαμηλόφωνος /
μεγαλόφωνος
líslig / luut

πλούσιος / φτωχός
riich / arm

σωστός / λανθασμένος
richtig / falsch

τραχύς / λείος
rau / glatt

λυπημένος / χαρούμενος
truurig / glücklich

κοντός / μακρύς
churz / lang

αργός / γρήγορος
langsam / schnäll

υγρός / στεγνός
nass / trochä

ζεστός / δροσερός
warm / chalt

πόλεμος / ειρήνη
dr Chrieg / dr Friede

0	**1**	**2**
μηδέν	ένα	δύο
Null	eis	zwei

3	**4**	**5**
τρία	τέσσερα	πέντε
drü	vier	foif

6	**7**	**8**
έξι	εφτά	οκτώ
sächs	sibe	acht

9	**10**	**11**
εννιά	δέκα	έντεκα
nün	zäh	elf

12

δώδεκα

zwölf

13

δεκατρία

drizäh

14

δεκατέσσερα

vierzäh

15

δεκαπέντε

füfzäh

16

δεκαέξι

sächzäh

17

δεκαεφτά

siebzäh

18

δεκαοκτώ

achtzäh

19

δεκαεννέα

nünzäh

20

είκοσι

zwänzg

100

εκατό

Hundert

1.000

χίλια

Tuusig

1.000.000

εκατομμύριο

Million

Αγγλικά

Änglisch

Αμερικάνικα Αγγλικά

Amerikanischs Änglisch

Μανδαρίνικα Κινέζικα

Chinesisch Mandarin

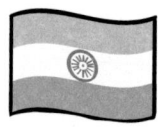

Χίντι

Hindi

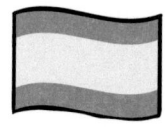

Ισπανικά

Spanisch

Γαλλικά

Französisch

Αραβικά

Arabisch

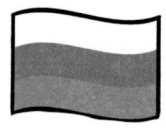

Ρώσικα

Russisch

Πορτογαλικά

Portugiesisch

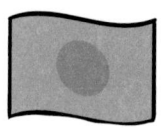

Μπενγκάλι

Bengalisch

Γερμανικά

Dütsch

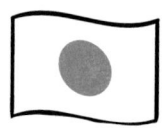

Ιαπωνικά

Japanisch

εγώ

ich

εσύ

du

αυτός / αυτή / αυτό

är / sie / es

εμείς

mir

εσείς

ihr

αυτοί / αυτές / αυτά

sie

ποιος / ποια / ποιο;

wär?

τι;

was?

πώς;

wie?

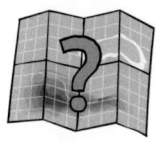

πού;

wo?

πότε;

wänn?

HELLO, I AM

όνομα

Name

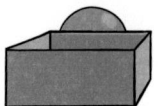

πίσω

hinder

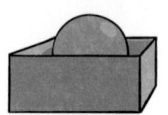

μέσα

in

μπροστά

vor

πάνω από

über

πάνω

uf

κάτω

under

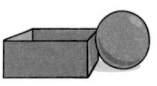

δίπλα

näbe

ανάμεσα

zwüsche

μέρος

dr Ort